미투의
정치학

도란스
기획 총서
4

미투의
정치학

정희진 엮음

권김현영, 루인,
정희진, 한채윤

교양인
GYOYANGIN

일상의 혁명, 미투의 정치학

우리는 사회 정의와 새로운 지식의 최전선에 있다. "누가 협상 자리에 앉아 있지 않은지, 누구의 관심사가 명확히 표현되지 않고 있는지, 누구의 이득이 표명되지 않고 있는지, 그리고 누구의 진실이 발언되거나 인정되지 않고 있는지"[1] 우리는 놓치고 있는 진실을 찾아내는 사람들이다. 이처럼 포괄적인 인식론이 있었던가?

〈jtbc〉 방송을 마치고 나는 돌아갈 곳이 없었다. 피해자들이 머물 수 있는 긴급 지원 쉼터가 있긴 했지만, 늦은 시간이라 입소할 수 없었다. 방송국에 동행한 쉼터 선생님께서 다음날 입소 전까지 자신의

---

1) 리아 페이-베르퀴스트, 정희진 외, 《페미니스트 유토피아》, 김지선 옮김, 휴머니스트, 2017, 155쪽.

집에서 머물 수 있게 해주신다고 하셨다. …… 절대로 벗어날 수 없다고 생각했던 충남 도청에서의 지난 8개월, 나는 드디어 성폭력에서 벗어났다. 내 눈 앞에, 더 이상 그의 범죄는 없다. 폐쇄된 조직 안에서 느꼈던 무기력과 공포로부터도 벗어났다. …… 다만, 부여잡고 지키려 했던 한줌의 정상적인 삶도 함께 사라졌다.[2]

머리말 쓰기를 반복하며

지금 내가 쓰고 있는 머리말은 네 번째 버전의 마지막 글이다. 아니, 마지막이기를 소망한다. 상황이 바뀌고 다시 쓸 때마다 분량도 늘어났다. 그리고 글을 고칠 때마다 하루도 빠짐없이 성폭력 뉴스를 접했다. 겪어도 겪어도 익숙해지지 않는 현실에 대한 분노로 나를 비롯한 많은 여성들이 "일상을 되찾고 싶다"고 말하지만 사실, 이것이 바로 여성의 일상이다. "여자 선수를 장악하려면 성관계를 가져라."[3] 대한빙상경기연맹 지도자들의 여자 선수에 대한 학대와 조직적 성폭력이 온 국민을 놀라게 하더니, 이후 다른 종목에서도 줄줄이 미투(Me Too, 나도 겪었다)가 이어졌다. 물론, 체육계만의 문제는 아니다. 대학은 또 어떤가. "교

2) 원래 본서에 실릴 예정이었던 김지은의 글 "미투 – 권력에 맞서 싸우다" 중 일부를 인용한다. 김지은의 글이 실리지 않게 된 경위는 이 머리말에 담겨 있다.
3) "'여자 선수 장악하려면…' 재발 방지한다더니 묵인한 그들", 〈kbs〉, 2019년 1월 10일.

수님이 종강 파티서 '속옷 춤' 강요…… 민망한 욕설도"[4] 미투는 한국 사회 곳곳의 적폐를 드러냈다.

2018년 미투 운동이 대중화된 이후 무엇이 변했는가. 미투는 단지 시작이었을까. 미투 운동의 실체는 피해자의 실천이 전부인가. 가부장제가 사라질 때까지? 미투 바로 다음날 가해자들은 하나같이 이렇게 말했다. "신체 접촉 같은 것은 전혀 없었다." 동시에 그들 주변에서는 "피해자가 특혜를 받았다."라고 주장했다. 지루한 법정 싸움만 줄줄이 남아 있다. 1심의 결과가 어떻든 간에 모든 사건이 3심까지 갈 것이다. 피해자들은 그 시간을 어떻게 견딜 것인가.

한국의 미투 운동의 규모와 파장은 세계의 주목을 끌 만큼 대단했다. 스웨덴, 일본, 미국, 영국 등 각 나라에서 미투 운동을 이끈 이들은, 한국의 미투 운동에 앞장선 피해자들의 용기가 매우 놀랍다고 입을 모았다. 하지만 결코 '모범'이나 '모델'은 아니라고 생각한다. 피해자 개인이 감당해야 할 몫이 너무 큰 방식으로 이루어졌기 때문이다. 성폭력에 대한 사회적 논의는 진전이 없다. 여전히 논쟁은 가해자가 상정한 피해자의 동의 여부에서 벗어나지 못하고 있고, 여성과 남성의 섹슈얼리티에 대한 이중 잣대도 그대로이다.

이 글이 여러 차례 쓰인 이유 중 하나는, 애초 이 책에 안희정

---

4) 2019년 1월 22일 〈jtbc〉의 기사 제목이다.

성폭력 사건의 피해자 김지은의 글을 싣기로 했기 때문이다. 김지은은 다른 필자들과 마찬가지로 미투에 대한 자신의 입장을 밝히고 당사자만의 경험에서 그간 날조된 여론을 바로잡는 글을 원고지 150장 넘게 썼다. 안희정 사건은 조직 내 최고 권력자가 남성일 때, 그 권력이 임면권이라는 구체적인 권한부터 해당 업계 전반에 걸친 영향력까지 광범위하게 퍼져 있을 때, '부하 직원'의 위치에 있는 여성에 대한 성적 착취가 얼마나 손쉽게 일어나는지를 정확하게 보여준다. 대부분의 미투 사건을 떠올려 보라. 문화예술계와 체육계에서 터져 나온 미투 대부분이 이 같은 구조에서 반복해서 일어났다. 정치권도 마찬가지였다. 이 사건은 특정 영역의 예외적인 경우가 아니다.

취업이 매우 어려워진 한국 사회에서 직장인들 대부분은 자신의 생사여탈권을 쥐고 있는 상사의 위력을 일상적으로 실감하면서 살고 있다. 그만큼 안희정 사건은 중요하다. 대개 성폭력 사건에 대한 여론은 성별에 따라 달라진다. 하지만 이 사건은 특이하게도, 직장 생활을 하는 사회 초년생 남성들이 김지은의 입장을 이해했다. 자신들도 매일 겪는 일이기 때문이다. 조직 내 위계 구조에서, 그 구조가 굳건하고 변화 가능성이 없는 상태에서 성실하게 일하고 최선을 다한 사람일수록 그랬다.

우리 모두가 당사자지만 특히 김지은은 현재 재판 중인 사건의 당사자이다. 또한 피해자, 선구자, 운동가, 그리고 생존자이다. 연구 모임 도란스 필진은 김지은이 쓴 1심 공판 당시의 최후 진술서와 그가 쓴 글 "'노동자 김지은'이고 싶습니다"[5]를 읽고, 김지은이 자신이 처한 상황을 해석해낼 수 있는 '저자'로서의 능력이 있다고 판단했다. 재판 방청을 계속해 온 권김현영이 '안희정 성폭력 사건 공동대책위원회'(이하 공대위)가 마련한 전문가 간담회에서 처음 김지은을 만나 도란스의 책을 건넸고, 1심 판결 이후 함께 집필할 것을 권유했다.

도란스 모임은 이론과 실천의 이분법, 위계, 분업에 반대한다.[6] 물론 여성의 목소리, 당사자의 목소리라고 해서 반드시 진실과 투명성이 확보되는 것은 아니다. 가해자와 가해 행위를 지속토록 하는 구조에 대한 분노, 자기 자신에 대한 객관화, 한 사회 속에 살고 있는 평범한 개인이라는 위치성, 그럼에도 변화를 위해서 반드시 필요한 용기. 이러한 주제에 관해 김지은의 글은

---

5) 2018년 9월 20일, 민주노총과 연대 단체들이 추석 때 귀경하는 노동자들을 대상으로 배포하는 선전물에 실렸다. 전문은 여기에서 확인할 수 있다. "'노동자 김지은'이고 싶습니다", 〈노동과 세계〉, 2018년 9월 20일. http://worknworld.kctu.org/news/articleView.html?idxno=248264

6) 이 같은 작업을 시도한 책으로는 조주현의 《여성 정체성의 정치학》(또하나의문화, 2000)이 있다. 이 책은 1990년대 성폭력 운동의 전환점이 된 사건 중의 하나인 김보은·김진관(피해자 이름, 이후 개명) 사건을 분석한 역작이다. 조주현은 대표적인 가정 내 남성의 폭력—아내에 대한 폭력과 근친 성폭력—을 통해 한국 사회 전반의 젠더의 작동을 문제 제기했다. 이 책은 사건 지원과 연구가 동시에 진행된, 여성주의 연구의 모델이다.

정희진 또한 연구자-활동가-피해자의 분업에 대한 문제의식에서, 해당 사건의 피해자와 운동가가 직접 집필한 《한국여성인권운동사》(1999)와 《성폭력을 다시 쓴다》(2002)라는 두 권의 책을 기획, 출간한 바 있다. 한채윤과 루인은 그동안 당사자-연구자-활동가 입장을 통합하는 글을 써왔다. 즉 페미니스트 지식 생산, 아니, 모든 윤리적인 글쓰기는 연구자-운동가-피해자의 분리를 최소화하기 위한 지속적인 추구의 과정이나.

자신의 고투를 고스란히 보여주었다.

그러나 '모두에게 공평하다는 법'이 피해자의 목소리를 막았다. 우리는 글이 완성되자마자, 현재 소송이 진행 중이고 결국 대법원까지 가게 될 터인데 혹시라도 책의 발간으로 인해 다른 법적 분쟁이 생기지 않을까, 그렇게 되면 남아 있는 재판에 불리한 영향을 끼치지 않을까 하는 법조인들의 우려를 접했다.

도란스의 필진은 토론을 거듭했고, 김지은은 그 과정에서 글의 형식과 내용을 여러 차례 고쳤다. 인터뷰 형식도 시도했고, 가해자는 언급하지 않은 채 자신의 심경을 중심으로 기술하기도 했다. 이 모든 과정에서 권김현영과 공대위의 김혜정 한국성폭력상담소 부소장은 필사적이라 할 만큼 노력했다. 그만큼 김지은의 글이 실리는 문제는 우리에게 중요했다.

그러나 글을 계속 고치다가 도란스 필진과 글쓴이 김지은이 깨달은 사실은, 문제는 어차피 내용이 아니라는 새삼스런 현실 인식이었다. 내용에 대한 판단은 권력의 잣대에 따라 달라진다. 가해자 측이 소송을 하고 재판부가 인정하면 끝이다. 그들의 관심은 내용보다 '누가 썼는가'이다. 가야트리 스피박(Gayatri Spivak)의 말대로 '무엇을 썼는가'보다 더 중요한 질문은 '누가 썼는가'이고, 더 중요한 문제는 '누가 듣는가'이다. 그런데 이 경우 듣고 판단하는 이들은 여성의 표현의 자유를 막을 수 있는 남성 사회다. "법은 만인에게 평등하다." 다만 법을 적용하는 이들은 만인을 대표하지 않는다. 결국 수개월에 걸친 노동과 고민

끝에 현재 진행 중인 재판에 역량을 집중하기로 했다. 김지은의 글은 추후 다른 방식으로 세상에 나올 것이다.

《피해와 가해의 페미니즘》에서 《미투의 정치학》까지

《미투의 정치학》은 '거시/미시'의 이분법을 넘어서 통합적인 의미의 정치(politics)로서 '미투'를 다룬다. 여성의 목소리, 미투의 본질, 여성에 대한 폭력의 의미, 젠더와 미투의 관련성에 관한 연구는 우리가 살아가는 현장인 한국 사회를 분석하는 작업이다. 젠더에 대한 인식 없이 한국 사회를 이해할 수 없으며, 여성에 대한 폭력이 젠더에 기반해 있다는 이해 없이는 권력의 일상화된 작동 방식, 즉 정치를 이해할 수 없다. 특히 성별화된 주체로서 남성이거나 여성으로 간주되는 우리 자신을 인식할 수 없다.

이 책의 목적은 미투 운동의 성장을 기록하고 이후를 모색하는 것이다. 연구 모임 도란스의 구성원들은 오랫동안 여성과 소수자에 대한 폭력 문제를 연구하고 실천해 온 연구자이자 활동가이다. 글을 쓰고 책을 만드는 과정 자체가 정치적 실천이며, 각성하고 협상하는 우리 자신의 몸이 바로 연구 도구였다. 가부장제 사회에서 여성이라는 젠더는 구조적으로 피해자 위치에 놓여 있다. 우리의 연구, 피해자와의 연대, 사회적 활동은 분리되지 않으며, 이 모든 노동이 곧 우리 자신을 위한 일임을 잊은 적이 없다.

도란스 기획 총서 1권 《양성평등에 반대한다》(2017)에서 우리는 양성(兩性)과 평등의 개념을 문제삼았다. 인간은 양성으로 구분되지 않으며, 평등의 기준이 특정 젠더(남성) 중심일 때 여성의 사회 진출은 이중, 삼중 노동을 의미할 뿐이다. 양성의 남성 중심성과 젠더의 이성애 중심성을 문제삼지 않는 한, 여성에 대한 폭력에 저항하는 운동은 불가능하다. 사회를 설득할 수도 없고 법정 투쟁에서 이길 수도 없다. 새로운 인식이 필수적이다. 젠더는 남성과 여성 간의 권력 관계를 넘어, 양성에 국한된 성별 개념에 대한 문제 제기이자 사회 전반의 '다른 목소리'의 모델이 되는 메타 젠더(meta gender)일 수밖에 없다. 양성 개념으로 해결할 수 있는 문제는 없으며 오히려 '기울어진 운동장'을 은폐할 뿐이다.

2권 《한국 남성을 분석한다》(2017)에서는 한국 사회 특유의 남성성을 역사적 맥락에서 분석하면서, 남성성도 여성성도 보편적이거나 본질적이지 않다고 주장했다. 이는 젠더의 구성성(構成性, making process)과 복합성을 규명하고, 구체적으로 젠더가 작동하는 장소(site)를 찾아내려는 작업이었다. 이러한 작업은 매순간 변화 전략을 모색할 수 있게 한다.

3권 《피해와 가해의 페미니즘》(2018)은 작년 미투 정국 훨씬 이전부터 준비한 책이었다. 우리는 여성에 대한 폭력 사건에서 항상 제기되는 쟁점들에 대해 분명한 입장이 필요하다고 생각했다. 이 책은 여성의 피해를 인정하지 않으면서도 여성을 피해자 '화'하고 피해자다움을 강조하는 문화에서 여성에 대한 폭력을 어떻게 다룰 것인가를 고민한 글이다. 남성 사회에 저항하기 위해 필요한 개념은 피해자 중심주의가 아님을 밝히고, 피해자 개념을 둘러싼 이성애 제도의 폭력과 피해자 유발론을 비판했다.

문제는 폭력이 발생한 것 자체가 아니라 폭력 자체가 제도의 일부라는 사실이다. 이런 상황에서 피해자 정체성의 정치는 결국 피해 집단을 전형화하고 피해자 개인의 역량에 모든 것을 맡기게 된다. 사회적 책임은 사라지고 피해를 경험했다는 '정황'은 개인에게 평생의 정체성이 된다. 피해자는 자신의 전 생애를 걸고 '미투'를 해야 한다. 이것은 당사자, 여성주의자 모두가 가장 지치는 방식이다. 우리는 그런 상황이 반복되지 않기를 간절히 바랐다.

미투 운동이 시작되었을 때 어떤 이들은 존경받던 인사들이 성폭력을 저질렀다는 사실에 놀랐을 것이고, 다른 이들은 성폭력이 만연한 사회 현실에 놀랐을 것이다. 나의 경우 "여성에 대한 폭력이 사회 곳곳에 이렇게 만연해 있다니, 성폭력이 이렇게 심각하다니……" 같은 놀라움은 없었다. 2016년에 벌어진 강남역 살인 사건은 매일 일어난다. 여성에 대한 폭력(violence against women)은 모든 여성이 평생 동안 경험하는 '여자의 일생'이다.

여성주의를 공부하면서 남성의 폭력이 일상적으로 여성을 통제하는 권력, '가장 오래된 문명'이라는 사실을 알게 되었지만 의미를 알수록 더 괴로웠다. 일상 사례 중에서 내가 신고할 수 있는 법적인 근거가 있는 경우는 하나도 없다. 그저 '평범한 경험', 불쾌감, 분노의 상태로 살며 생각한다. 이 사회에서 여성은 사람이 아니구나. 그렇다면 나는 나 자신을 어떻게 존중하고 보호해야 할까. 과거의 피해에 머물지 않고, 어떻게 '성숙한 피해자'로서 다른 사회적 약자들과 관계 맺어야 할까. 계속되는 고민이다.

남성 문화와 고용 시장─미투의 배경

여성에 대한 폭력은 여성을 물건(대상)으로 취급하고, 가해자의 행동의 원인과 이유도 여성에게 전가하는 일종의 사회 구조를 뜻한다. 일상화된 폭력을 어떻게 모두 '되갚으며' 일일이 문제 제기하며 살 수 있단 말인가. 문화적 관습, 모욕, '가벼운' 폭력을 모두 법정으로 가져갈 수 있는가. 이는 불가능하기도 하지만 일단, 매우 피곤한 일이다.

검찰 조직 내 성폭력, 안희정 전 충남 도지사 사건, 문화예술계 내 성폭력처럼 오랫동안 수많은 피해 여성을 양산하면서도 침묵과 방조로 지속되던 문제가 세상 밖으로 나왔다. 미투는 한국 사회에서 여성의 지위 향상을 의미하는 것이 아니다. 한국 사회는 여성의 목소리 자체를 여성 상위라고 생각하는 경향이 있다. 미투 역시 그랬다. 하지만 미투는 여성 스스로의 인권 의식이 높아진 결과이며, 초기 미투의 가해자들이 모두 막강한 권력을 가진 유명 인사이거나 피해 여성의 숫자가 은폐 불가능할 정도로 많았기 때문에 가능한 일이었다.

한편, 미투는 신자유주의가 어느 정도 허용한 여성의 개인화, 즉 성 역할보다는 개인/시민으로서 살 수밖에 없는 각자도생 사회의 이면일 수도 있다. 이제 여성들에게 직장 생활은 필수이다. '취업으로 결혼을 선택하는' 취집을 기대하는 여성은 없다. '한국여성정책연구원'의 조사에 의하면, 2019년 1월 현재 "결혼은 필수"라고 생각하는 미혼 여성은 3%, "자녀가 꼭 있어야 한다"는 여성은 5.8%에 불과하다.[7] 글로벌 자본주의 시대, 양극화 시대, 고용 종말의 시대에 여성에게 결혼과 자녀가 어떤 의미인지를 극명하게 보여준다. 기존의 "가사 노동과 임금 노동의 이중노동"이라는 여성 노동 논쟁을 넘어, 비혼(非婚)으로 살더라도 여전히 여성에게 지극히 적대적인 한국의 노동 시장에서 미투는 노동자로서 생존권 운동이다.

물론 가장 큰 원인은 남성 사회의 '적폐', 그 자체다. 더는 공동체가 유지될 수 없을 만큼 문제가 커진 것이다. "이제는 말할 때(Time's Up)"는 미투 운동의 주된 구호이다. 여기에서 시간(Time)은 누구의 시간일까? 피해자의 고통이 견딜 수 없을 만큼

---

7) "'결혼은 필수' 서울 미혼 여성 3% 그쳐… 베이징은 19%", 〈sbs〉, 2019년 1월 16일.

이 아니라 남성 조직이 더는 버틸 수 없는 위기에 처한 것은 아닐까. 이전의 많은 피해 여성들은 죽을 만큼 고통받았고, 실제 죽음을 선택하기도 했으며, 자기만의 삶, 일상, 경력을 포기하고 시간을 견뎌 왔다. 사는 인생이 아니라 견디고 버티는 인생으로.

그런 의미에서 미투는 여성 운동의 성과이자 한국의 남성 문화가 내부에서 다른 남성들조차 버틸 수 없을 만큼 조직의 '지속 가능성'을 상실했다는 것을 의미한다. 문단 내 성폭력의 경우 문예 창작을 공부하는 남자 고등학생과 대학생들의 미투 운동 참여가 두드러졌는데, 이들은 젠더 문제를 떠나 한국 문학의 미래를 선배 남성들의 모습에서 찾고 싶지 않다고 했다. 이들은 개인의 실력보다 남성 연대로 승부하려는 세계에 절망했을 것이다. 그리고 그러한 환경에 자신의 미래를 걸고 싶지 않았을 것이다.

어쨌든 여성들은 이제는 말할 때가 되었다고 생각했고 미투 운동에 동참했다. 미투에 참여한 많은 여성들은 "왜 말했는가?"라는 질문에 "말하지 않을 수 없어서."라고 답했다. 그러나 미투 이후 울분과 분노에 찬 이들은 피해 집단이 아니라 가해 집단이었다. 대부분의 남성들에게 여성에 대한 폭력은 누구도 제지하지 않는 일상 문화이자 남성이라면 실행 가능한 오래된 습속, '타고난 권리'로 여겨졌다. 사실 남성과 비슷한 생각을 하는 여성도 많다. 여성에 대한 폭력을 행사하지 않는 남성은 '점잖은 남성'으로 간주되기도 한다. 그러니 가해자로 지목된 대다수 남성들은 남들도 다 하는데 자신만 '걸렸으므로' 분노했고, 이루 말할 수 없는 피해 의식을 표출했다.

미투 이후 남성 사회의 당황과 혼란은 이전에는 한 번도 보지 못한 수준이었다. "미투는 지지하지만……"이라는 말 뒤에 따라오는 그들의 언어는 그야말로 언어도단(言語道斷)이었다. 한마디로, 그들도 더는 할 말이 없다는 사실을 알고 있는 것이다. 언어가 끊긴 길 위에서 우왕좌왕하며 일부는 더욱 추락했고, 일부는 한국 남성은 변해야 한다고 주장하면서도 여전히 자기 연민에서 벗어나지 못하고 있다. 어떤 이는 이를 남성의 '백래시'라고 말하지만, 그보다는 비이성적 반발과 자조적 방어 심리로 보는 것이 적절하지 않을까 생각한다.

미투와 젠더

미투 운동은 여성도 남성도 변화시키고 있음은 물론이고 그간 한국 사회에서 모두가 알고는 있지만 변화가 불가능할 정도로 '자연화'되었던 남성 중심의 사회 구조를 전면에서 논의하는 계기가 되었다. 여성에 대한 폭력은 젠더에 기반한 폭력(gender-based violence)의 대표적이고, 가장 오래된, 가장 광범위한 현상이다. 젠더에 기반한 폭력은 강간 범죄에만 국한되는 것이 아니라 노동 시장에서 여성의 지위, 거대한 성 산업, 재생산권부터 지구와 시대의 국제 정치와 환경 문제까지 아우르는 사회 현상의 가장 근본적인 매트릭스(母型)이다. 미투의 원인, 구조, 의미를 이해하려면 당연히 젠더라는 사고 구조를 이해해야 한다. 젠더를 이해하지 못하면 미투를 이해할 수 없고, 그 반대도 마찬가지다.

그러나 여전히 한국 사회의 남성에게 젠더는 '여자 문제'에 불과하며, 대다수 여성들에게 젠더는 여성의 문제(women's problem)다. 여성주의는 "여성이 문제" 혹은 "피해당하는 여성의 문제"라는 이야기가 아니다. 여성주의는 '여성' 개념에 대한 질문이라는 의미에서 여성 문제(questions)를 다루는 것이다.

여성은 사회적·역사적·정치적 존재다. 김은실은 여성은 여성의 '몸 외부'에 존재하는 사회적 산물(social body)이자 종속된 주체(subject)라고 설명한다.[8] 우리는 여성으로 태어나지도 않았고, 여성의 몸을 가진 것도 아니다. 이 문장은 현대 페미니즘 이론의 발전과 여성의 개념을 요약한다. 가부장제 사회에서'만' 남성과 여성의 생물학/적 구분이 중요하며, 나(여성)의 몸은 정신의 소유물이 아니라 사회적 체현(embodiment)이 된다. 유목적 주체로서 여성, 횡단의 정치(transversal politics), 연대의 정치(coalition)[9]로서 페미니즘은 이미 1970년부터 흑인 페미니즘에서 제기되었고, 당대 글로벌 자본주의 사회에서 여성의 상황을 분

---

8) 김은실, "페미니스트 크리틱, 새로운 세계를 제안하다", 김은실 엮음, 《더 나은 논쟁을 할 권리 - 페미니스트 크리틱》, 휴머니스트, 2018 참조.
9) 니라 유발-데이비스, 《젠더와 민족 - 정체성의 정치에서 횡단의 정치로》, 박혜란 옮김, 그린비, 2012 참조.

석하는 주요 개념으로 자리 잡았다. 모든 여성 주체는 구체적인 정치적 과정 속(in process)에서 형성된다. 당연히 모태 여성도, 모태 페미니즘도 있을 수 없다. 젠더는 홀로 작동할 수 없는 복합적 개념이다. 젠더에는 이미 계급, 인종, 나이 등의 개념이 전제되어 있다.

안희정 사건의 의미

모든 운동은 맥락을 이해할 때만 효과를 낼 수 있다. 미투 운동 역시 그렇다. 그런 점에서 우리는 미투 운동의 핵심이 '위력'이며 그 위력의 작동 방식과 맥락은 젠더 인식 없이는 설명될 수 없다고 본다. 이 점이 이 책에서 안희정 사건이 주요 분석 대상이 된 이유다.

2018년 8월 14일 안희정 사건의 1심 재판 결과가 나왔다. 검찰은 업무상 위력에 의한 간음, 강제추행 등 총 10건의 성폭력 혐의로 기소하여 4년을 구형했지만, 1심 재판부는 무죄를 선고했다. 1심에서 가장 중요한 쟁점은 성폭력 피해자의 '피해자다움'에 관한 것이었다. 이에 대한 재판부의 보수적인 인식이 판결을 결정했다. 1심의 결과 자체가 '사건'이었다. 또한 아직까지 한국 사회에서 성차별과 성폭력 문제는 아무리 연구와 사회 운동의 노력이 뒷받침된다 해도, 법을 운용하는 몇 사람의 인식이 결과를 좌우할 수 있다는 현실을 보여주었다. 1심 재판부의 성적 자기결정권에 대한 이해는 우리 사회 여성 운동 30년의 성과를 무로 돌리는 듯한 절망스러운 것이었다.

안희정 사건의 1심 결과는 재판부의 젠더 편견이 기존의 '그들만의 리그'에서 적용되던 법 논리조차 망각했다는 점에서 놀라운 사례다. 재판부는 피의자와 피해자의 관계를 업무상 사용자와 노동자 관계로 보지 않고 남성과 여성의 관계로 보았다. 이 자체가 일단 비상식적이다. 한국의 남성 문화는 기본적으로 여성을 동료, 노동자로 인식하는 훈련이 되어 있지 않지만, 재판부의 사고방식은 공무원이나 교사 사회, 일반 사기업의 인식보다도 뒤떨어져 있다.

안희정 사건은 근본적으로 노동 시장의 성차별 문제이다. 정규직이든 비정규직이든 여성이 직장에서 능력, 그것도 남성 중심적 개념의 능력을 인정받으려면 적어도 남성보다 몇 배의 노력을 해야 한다. 특히 사용자를 직접 보좌하는 비서직은 본무(本務) 영역이 불분명하고, 잡무인지 사용자의 개인적 일인지 모호한 일들을 티나지 않게 처리해야 하는 고도의 감정 노동을 필요로 한다.

이런 상황은 직장 내 위계 관계에서 부하 직원이 남성이든 여성이든 모두 경험하는 문제다. 그런데 피해자가 남성일 경우에는 위계에 의한 노동 문제, 즉 누구나 이해할 수 있는 일방적 권력 행위의 피해자가 되지만 피해자가 여성일 경우에는 성적인 문제로 둔갑하고 쟁점은 피해의 정도가 아니라 동의/비동의(합의)로 이동한다. 피해자의 성별이 문제의 성격을 완전히 변질시키고, 가해자 측은 여론을 업고 프레임을 전환시키는 데 '성공'한다. 우리는 이 책이 그들의 성공을 조금이라도 '역전'시키기를 기대한다.

사회가 여성에게 성적 자기결정권을 허락했는가 아닌가 혹은 여성이 그것을 쟁취했는가는 중요한 문제가 아니다. 핵심은 그 권리를 행사할 수 있는 조건이다. 권리를 행사하는 순간, 행사하지 않았을 때보다 더 큰 피해(해고나 사회적 '매장')가 기다린다면 누가 그 권리를 행사할 수 있겠는가. 심각한 육체적 훼손이 동반되는 성폭력 사건이나 아동 성폭력의 경우, 피해자의 저항은 더 큰 신체적 피해를 초래할 수 있다. 이때 여성이 자기의 몸을 보호하기 위해 '강하게 저항하지 않으면' 동의한 것인가?

신고하면 더 큰 피해를 입기 때문에 죽을힘을 다해 상황을 버틴 것이 권리인가? 심지어 동의인가? 성적 자기결정권은 유무가 아니라 협상의 개념이다. 성적 자기결정권을 포함한 근대적 인권 개념의 의미와 한계는 보편성 그 자체에 있다. 보편성은 권력의 편의대로 작용한다. 강자의 경험은 보편성이고 약자의 경험은 특수성으로 간주된다. 실제 '보편'의 반대 상황은 '차이'인데, 대개 특수성으로 알고 있다. 특수성은 권력이 언제든지 예외 사항을 만들고, 차별을 합리화할 수 있는 개념이다. 성적 소수자들이 성적 자기결정권(예를 들어, 동성 결혼 합법화)을 주장할 때는 예외를 만들어 권리를 '행사하지 못하게 하고', 권리를 행사하지 못하는 조건에 있는 다른 사회적 약자(여성)에게는 주어진 권리를 '행사하지 않았다'고 비난한다.

미투, 젠더 폭력, 성적 권리

《미투의 정치학》은 미투 운동을 둘러싼 여러 이론과 실천의 주제들을—성적 자기결정권, 한국 사회의 남성 문화와 현실 정치의 남성 연대, 정치와 선거 문화, 매체의 윤리, 사법부 성인지 의식, 젠더 폭력의 개념과 인식론 등—분석한다. 권김현영, 정희진의 글이 미투 운동과 한국 남성 문화를 중심으로 연결되어 있다면, 한채윤, 루인의 글은 성적 권리를 행사할 수 있는 조건을 질문한다.

권김현영의 글은 안희정 사건 재판을 방청하면서 기술한 참여 연구(field work)이다. 권김현영은 1심과 2심 공판을 방청하면서 무엇이 어떻게 언론에서 보도되는지, 어떤 프레임이 만들어지는지, 여론이 언제 어떻게 달라지는지를 분석했다. 안희정 사건의 가장 큰 문제점 중 하나는 언론의 지나친 개입과 왜곡이었다. '국민들의 알 권리/의무'는 사라지고 여성 인권 의제는 가십 거리로 전락했다. 나 역시 권김현영의 글을 읽고서야 언론 보도를 통해 알게 된 이야기들이 실제로는 얼마나 어처구니없는 것인가를 깨달았다. 광란의 매체들이 경쟁하는 이 시대에 수용자는 어떤 사실을 믿어야 하는가.

권김현영의 글은 진보 남성 집단에 대한 정신 분석이기도 하다. 《한국 남성을 분석한다》에서 제시한 '식민지 남성성' 개념과도 연결되는데, 한국 남성, 더구나 진보라 자처하는 한국 남성들은 가부장제 사회의 규범적 남성성(보호자, 용기, 독립성, 생계 부양자……)을 획득한 집단이 아니다. 권김현영의 글은 진보 진영 남성들이 생각하는 인권, 민주주의, 정의의 개념을 되묻는다. 원래 여성주의에서 '상식'은 그리 긍정적인 말이 아니다. 상식은 모든 사회 구성원이 저항 없이 수용하는 일종의 통념, 지배 이데올로기이기 때문이다. 그러나 한국의 진보 남성들에게 '상식'은 급진적 가치인 듯 보인다. 현재 한국에서 젠더 전쟁의 주원인은 여성의 자각에 대한 남성 문화의 이해 부족, 즉 남성 자신의 지피지기(知彼知己) 실패에 있다.

  성폭력을 남자들이 관리하지 못한 '사생활' 문제로 생각하는 것은 남자뿐만 아니라 그 남성들과 이해관계를 같이하는 여성들도 공유하는 인식이다. 성폭력은 남자들의 '여자 문제'가 아니라 남성 중심 사회가 여성의 섹슈얼리티를 여성의 권리에 기반해서 사고하는 데 총체적으로 실패했기 때문에 발생하는 문제다. 이런 현실에서 권김현영의 글은 한국 진보 남성 엘리트가 젠더 관점을 결여하고 있는 한 어떤 정의(justice)도 불가능하다는 점을 매우 구체적으로 논증하고 있다. 나는 권김현영의 글이 주제부터 형식에 이르기까지 한국 여성주의 연구자들의 글쓰기 전략과 연구 방법에 한 전범이 될 수 있다고 생각한다.

정희진의 글은 미투 운동을 중심에 두고 여성에 대한 폭력과 젠더 개념을 소개하는 데 초점을 맞추고 있다. 1979년 12월 18일 유엔(UN) 제34회 총회에서 채택되어 1981년 9월 3일 발효된 '여성차별철폐협약'에는 '여성에 대한 모든 형태의 차별'을 유엔에 보고하게 되어 있다. 한국 정부는 1983년 89번째로 조약에 서명했지만 이 사실을 아는 국민은 드물다. 여성차별철폐협약의 의미는 1975년 '세계 여성의 해'를 지정한 이후 젠더가 국제 정치와 인권의 주요 이슈로 등장했다는 점이다. 그러나 한국 사회에서 여성에 대한 폭력과 차별은 여전히 사소한 이슈다. 그러므로 미투 운동의 의미 중의 하나는 여성에 대한 폭력 문제가 기존의 여성 운동을 넘어, 대중 운동이자 문화 운동으로 매우 광범위하게 이어지면서 도저히 '사소화'될 수 없는 문제라는 점을 알린 사실이리라.

정희진의 글은 미투의 '선별성'을 강조한다. 여성에게 일상적으로 가해지는 심각한 폭력 중의 하나인 가정 폭력과 성 산업 종사 여성에 대한 폭력은 미투하기 매우 어려운 사안이다. 특히 성 산업에 종사하는 여성의 피해는 미투로 수용되지 않는다. 실제 성 산업에 종사하는 여성들은 2018년 내내 "너네도 미투할 거니? 그럼 돈을 받지 말든가."라는 말을 '매일' 들었다고 한다. 한국의 미투 운동은 한국 사회 곳곳의 '적폐'에 대한 도전이었지만, 위 두 가지 폭력은 미투 운동의 사안이 되지 못했다. 이 글은 그 이유를 분석한다. 한국의 미투는 가해자가 특정 커뮤니티에서 무소불위의 권력을 행사할 수 있는 위치에 있거나, 그에 준하는 유명세를 지니고 있어 광범위한 영향력을 끼칠 수 있었던 경우, 그리고 피해자가 다수 발생했을 때로 국한되었다.

이러한 한계는 미투 운동이 언론의 보도 그리고 소셜 미디어의 확산과 함께했다는 측면에서 현상적으로 설명할 수 있지만, 정희진의 관심은 현상 이면의 작동 방식에 있다. 즉, 정희진은 폭력의 가시화 여부에 개입한 권력의 성격을 규명하고자 한다. 왜 어떤 폭력은 드러나는데, 어떤 폭력은 그렇지 못한가. 왜 여성들은 자신이 당한 폭력을 숨겨 왔으며, 이는 젠더 시스템과 어떤 관련이 있는가. 여기에 개입된 젠더와 다른 권력의 상호 작용 및 역동은 무엇인가. 현실 권력과의 거리 여부에 따라 어떤 가해자는 덜 보도되고, 더 보호받는다면 미투는 또다시 남성들 간의 정치(남성 연대) 내부에서 그들의 기준으로 선별될 뿐이다. 미투가 젠더 구조를 변화시킬 수 있는 정치가 되려면, 피해자가 누구든 가해자가 누구든 죄질에 따라서만 심판받아야 한다. 이러한 논의를 통해 글쓴이는 미투 운동 과정에서 혼란스러워하는 한국 남성들에게 새로운 '성 역할'을 제안한다.

한채윤의 글은 우리에게 익숙한 한국 고전 소설 《춘향전》을 재해석함으로써 성적 자기결정권의 맥락을 이론화하고 역사화하는 중요한 글이다. 안희정 사건에서 1심 재판부가 가해자에게 무죄를 선고한 논리는, 피해 여성이 성적 자기결정권을 행사할 수 있었는데도, 충분히 거절 의사를 표명할 수 있었는데도 그렇게 하지 않았다는 것이었다. "똑똑한 피해 여성은 성적 자기결정의 권리를 충분히 행사할 수 있다. 그러나 피해 여성은 그렇게 하지 않았다. 이는 곧 동의를 의미한다." 한마디로 '죄'는 가해자가 아니라 피해자에게 있고 그 죄는 '있는 권리'를 사용하지 않은 것이다. 이 해괴한 논리에 따라 재판부는 성적 자기결정권을 침해한 죄를 가해자로 법정에 선 피고인에게 묻지 않고, 성적 자기결정권을 행사하지 않은 죄를 피해자인 고소인에게 물었다.

한채윤의 글은《춘향전》분석을 통해 '정조'에서 '성적 자기결정권'으로 성폭력의 보호법익이 이동한 것이 어떤 의미인지를 설명한다. '정조(貞操)'가 여성의 사회적 성원권과 지위를 결정하는 사회에서 정조는 권리가 아니라 의무이며 정조를 지키지 않았다는 이유로 '처벌'이 가해진다. 이미 한국 사회는 1995년 형법을 개정해 성폭력의 보호법익을 정조로 규정한 조항을 삭제했다. 그런데도 안희정 사건의 1심 재판부는 정조와 성적 자기결정권을 완전히 혼용하는 어처구니없는 판결을 내린 것이다.

《춘향전》에 관한 한채윤의 접근 방식은 여성주의적 텍스트 해석의 전범을 보여준다. 가장 기본적인 질문은 이렇다. "대체 남성에게는 전혀 없는 정조 관념이 왜 여성에게는 있어야만 하는 것일까?" 이제까지 우리 사회는 이 질문을 던지지 않았다. 여성의 동의 여부만을 추궁했으며 이에 대한 판단은 남성이 독점했다. 동의하지 않기 위해 얼마나 노력했는가? 이러한 질문 자체가 인권 침해요, 성폭력이다. 그러나 《춘향전》이 쓰인 이후 몇 백 년이 지난 지금까지도 변화가 없고 여성들은 여전히 자신들의 동의 여부를 증명해야만 하는 처지다. 남성의 성적 자기결정권은 타고났고, 여성의 성적 자기결정권은 쟁취했기 때문인가? 근본적인 질문이다. 한채윤의 글은 여성주의 비평의 전범이기도 하다. 여성주의적 시선은 단순한 '여성 입장'이 아니다. 이 글의 관점처럼 성춘향, 이몽룡, 변학도 등의 주요 인물의 계급과 젠더의 지위에 따라 역동, 경합하는 현실을 분석하는 것이다.

루인의 글은 젠더 개념이 인식되지도, 합의되지도 않는 한국 사회에서 왜 어떤 여성에 대한 폭력은 젠더 폭력이 되며, 어떤 여성에 대한 폭력은 그렇지 않은가를 질문한다. 이 같은 문제 제기는 누가 '진정한 여성'이며 폭력의 개념은 누가 정하는가라는 여성주의의 가장 근본적인 논쟁을 품고 있다.

지난 몇 년간 한국 사회에 일어난 가장 놀라운 일은 김현미의 지적대로, "사회적 약자에 대한 보수 정치인, 근본주의 기독교, 청년, 여성들 간의 감정적 연합이 구성되었다는 점이다."[10] 페미니스트가 사회적 약자를 혐오한 최초의 공식적인 사례는 지난 2001년 〈한국여성학회〉에 발표한 강숙자의 글이다. 강숙자는 조선 시대 기록을 근거로 들어 한국에는 레즈비언이 없었다고 주

---

10) 김현미, "난민 포비아와 한국 정치적 정도의 시간성", 〈황해문화〉 101호, 새얼문화재단, 2018, 220쪽.

장했다. 당연히 그것은 사실(史實)도, 사실(事實)도 아니었지만, 그는 자신의 발표가 "학문의 자유"라고 주장했다. 〈한국여성학회〉의 일부 구성원도 강숙자의 주장을 강하게 반박하지 못했다. 그러나 당시 한국 여성 성소수자 인권 운동 모임 '끼리끼리', 이화여대 여성학과 교수 조순경, '영페미니스트' 조직 등에서 강숙자의 호모포비아를 격렬히 비판했고, 그의 논의는 공론장에서 '도태'되었다. 이 사건은 중산층 이성애자 여성의 무지에 근거한 호모포비아였다. 최근 몇 년간 일부 페미니스트(렌펨, 터프······) 역시 사회적 약자에 대한 혐오와 배제를 주장하고 있다. 이는 미국의 대외 침략을 지지하는 우익 페미니즘이나 성 역할을 활용해서라도 여성이 출세해야 한다는 '파워 페미니즘'과도 다르다. 각자도생, 글로벌 자본주의와 신인종주의, (레이건 시대 식의) 사회생물학, 여성주의에 대한 기본 합의가 무너진 측면에서 그들의 세력과 무관하게 중요하게 연구해야 할 현상이다. 공론장 자체를 어떻게 다시 만들어야 할 것인가에 대한 고민이 깊어지는 상황이다.

이런 점에서 루인의 글은 여성에 대한 폭력 문제에 대중의 관심이 집중되면서 일부에서 페미니즘과 퀴어를 선명하게 나누어 진영화하려는 흐름에 비판적으로 개입하여, 그동안 진전된 논의를 다시 페미니즘 언어로 재기입하고자 한다. 이 글은 비(非)트랜스여성을 중심으로 논하는 기존의 젠더와 폭력의 관계를 트랜스페미니즘 맥락에서 비판적으로 재독해한다. 이를 통해 젠더 폭력이 젠더를 체화하는 과정일 뿐만 아니라 비트랜스페미니즘과 트랜스페미니즘의 접점을 모색할 중요한 토대임을 보여준다. 섹스와 젠더를 동일시하는 입장은 섹스와 젠더의 '불일치'를 근거로 들어 트랜스젠더에게 혐오 폭력을 가하는 가해자의 행위를 정당화하는 논리와 공명한다. 이것은 트랜스젠더의 경험과 비트랜스젠더의 경험을 별개로 다루면서 발생한 문제이기도 하다. 글쓴이는 트랜스젠더의 젠더 경험과 비트랜스젠더의 젠더 경험이 교차한다는 인식에서, 젠더 폭력을 여성에 대한 폭력이 '아니라' 젠더 규범을 몸에 각인하는 실천으로 재해석한다.

페미니스트 지식 생산

학회 밖의 '학회지', 사회 운동으로서 글쓰기, 당대 한국 사회 현실에 대한 탈식민주의 분석을 목표로 삼은 도란스의 네 번째 책이 세상에 나온다. 당연히 이 책은 젠더와 젠더 폭력에 관한 시론에 불과하다. 이 책의 내용을 상대화하는 다른 언어들이 쏟아지기를 바란다. 언어는 언제나 현실이 한참 지난 후에 당도한다. 그 간격은 몇 년일 수도 몇백 년일 수도 있다. 언어가 늦을수록 우리는 고통받는다.

적어도 여성주의, 여성 운동에는 조롱의 대상으로서 '강단 페미'가 있을 수 없다. 여성주의는 이론과 실천이 분리되지 않는다. 지배 언어와의 불일치가 몸의 통증과 폭력으로 드러나는 사회적 약자에게 말과 실천이 어떻게 다를 수 있단 말인가. 나의 개인적인 경험을 돌아봐도 내게 가장 힘겨운 현장은 강의실이었다. 진짜 문제는 '제대로 된' 강단 페미가 너무나—이런 부사를 남발하지 않을 수 없다.—부족한 현실이다. 우리는 알고 있다. 훈련된 여성주의 연구자가 한 명 탄생하기 위해서 얼마나 많은 개인적, 사회적 노력이 필요한지를. 그들이 충분히 존재한다고 해도 생계와 활동을 병행하는 연구 작업의 어려움이 결국 '개인의 건강 문제'로 지속되지 못할 때 가장 좌절스럽다.

더구나 유튜브 시대는 인문·사회 도서 시장의 어려움만을 뜻하지 않는다. 사회 전반에 걸쳐 지식, 사실(fact), 앎의 개념이 합의 불가능해진 다매체 시대에, 가장 주목할 만한 현상은 모든 이들이 각자 참조하는 지식의 출처가 말할 수 없이 다양해진 현실이다. 페미니즘 지식에도 '가짜 뉴스'가 횡행하고, 여성주의자들은 연구의 진전 이전에 이를 '바로잡기'에도 급급한 시대가 도래했다.

연구자 부족은 언어 부족만을 초래하지 않는다. 더 큰 문제는 연구자가 적을수록 논쟁과 연대가 모두 어려워진다는 점이다. 학파는 파벌이 되고, 비판은 감정적 가십이 되기 쉽다. 이때 "페미니즘은 옳지만 페미니스트들은 싫다."며 강호를 등지는 이들이 많아지는 법이다.

우리는 시간이 지날수록 활동, 상근, 생계, 공부, 연대, 글쓰기를 함께한다는 것이 얼마나 어려운지, 그리고 우리의 일상을 지식 생산의 토대로 삼고 매일을 사유하는 노동이 얼마나 많은 '기력'을 필요로 하는지 실감한다. 연구와 활동, 이론과 실천, 사건의 당사자와 비당사자의 경계를 넘는 글쓰기는 또 얼마나 어려운 일인지를 이번 책을 작업하며 절실히 느꼈다. 그런 점에서 1990년대에 이미 이런 시도를 했던 〈또하나의문화〉 동인지를 만들었던 '선배' 페미니스트들을 생각했고 감사했다. 역사는 그냥 이루어지는 법이 없다. '우리 세대'는 그들만큼 치열하고 성실한가. 이것은 나이의 문제가 아니다. 우리의 몸은 언제나 먼저 깨달은 이들의 산물임을 잊지 않아야 한다는 다짐이다.

이 책의 전반적인 내용은 물론이고 특히 머리말은 필자들의 집단적 글쓰기 과정이었다. 그 점에서 특히 권김현영과 김지은에게 감사한다. 〈도란스〉 시리즈는 일 년에 두 번 발간을 목표로 하고 지키려고 노력하고 있다. 우리에게 유일한 힘은 "다음 호는 언제 나오는가?"라고 묻는 독자들이다. 우리가 바라는 세상은 한국 사회 전 영역에서 현장의 지식 생산자들이 많아지는 사회이다. 여성주의가 그러한 상황을 선도하기를 희망한다.

2018년에 시작한 머리말을 2019년에 끝맺으며,
필자들을 대신하여 정희진 씀.

안희정 성폭력 사건 공동대책위원회 후원 계좌
국민은행 020301-01-200060(예금주 · 전국성폭력상담소협의회)

그 남자들의
'여자 문제'[1]

—

'진보 남성'의
미투 운동에 대한 이해

권김현영 | 한국예술종합학교에서 객원교수로 일하며, 성폭력을 어떻게 '사회적'인 문제로 재구성할 수 있을지에 대한 연구와 활동에 천착하고 있다.

'공작'은 누가 했나

2018년 2월 24일, 한 인터넷 미디어 방송에서 김어준은 앞으로의 미투 운동은 변질될 수 있다며 다음과 같이 말했다.

"제가 예언을 하나 할까 합니다. 예언. 간만에. 이거는 공작의 사고방식으로 사안을 바라봐야 보이는 뉴스인데, 최근에 미투 운동하고 권력 혹은 위계에 의한 성범죄 이런 뉴스가 엄청나게 많잖아요?

---

1) 이 글은 안희정 성폭력 사건 공판 방청기의 두 번째 판본이다. 첫 번째 판본은 〈황해문화〉 101호(새얼문화재단, 2018)에 발표되었다. 재판 관련 사실 관계 등은 보도된 기사와 방청을 통해 알게 된 사실에 기초하여 작성했으며, 재판 과정에서 양쪽 모두가 합의하고 지나간 부분 외에 사실 관계 자체가 쟁점이 된 부분에 대해서는 양쪽 의견을 모두 싣거나 다른 의견이 있다고 표기했다. 안희정 성폭력 사건 공동대책위원회(이하 공대위)와 변호인단에게 알려진 사실과 다른 점이 있는지 확인을 요청하여 감수 및 자문을 받았으며, 이 과정에서 특히 김혜정 한국성폭력상담소 부소장의 도움이 컸다.

이걸 보면 아. 미투 운동을 지지해야겠다. 이런 범죄를 엄단해야 되겠다. 이게 일반적인 정상적인 사고방식입니다. 그런데 공작의 사고방식으로 읽으면 어떻게 보이냐. 우리는 그런 식의 사고방식에 훈련된 사람들이거든. 어떻게 보이냐? 첫째. 아. 섹스. 좋은 소재. 주목도 높아. 둘째, 아. 진보적 가치 있어. 오케이. 그러면 **피해자들을 좀 준비시켜서 진보 매체를 통해서 등장시켜야 되겠다.** 그리고 문재인 정부의 **지지자들을 분열시킬 기회다.** 이렇게 사고가 돌아가는 겁니다."[2]

김어준은 한국 최초의 미투를 2018년 1월 29일 서지현 검사의 미투로 알고 있었으니,[3] '변질'에 대해 누구보다 빨리 걱정한 셈이다. 십수 년간 인터넷 여론의 흐름을 파악해 온 그의 '식견'이 유일한 근거였지만, 김어준이 누군가. 2018년 10월 현재, 언론계

---

2) 〈김어준의 다스 뵈이다〉 12회(39:50~41:51), 2018년 2월 24일자.
3) 성폭력 피해 생존자가 공개적, 집단적으로 피해 경험을 증언했던 사건은 미투 이전에도 있었다. 대표적으로는 1986년 6월 6일 발생한 부천경찰서 성고문 사건의 피해자 권인숙의 증언과 1991년 8월 14일, 고(故) 김학순 님의 일본군 위안부 피해 증언이 있으며, 집단적 말하기의 형식으로는 한국성폭력상담소에서 2003년부터 주최하여 10회 이상 개최되고 있는 성폭력생존자말하기대회가 있다.
김어준의 방송이 나가기 직전, 미투 운동은 다음과 같이 전개되었다. 2018년 1월 29일, 서지현 검사가 안태근 전 차장검사에게 당한 성추행 사실을 검찰 내부 통신망 '이프로스'에 폭로했다. 2월 6일 〈jtbc〉 '뉴스룸'에 최영미 시인이 나와 고은 시인의 상습적 성희롱, 성추행에 대한 고발을 〈괴물〉이라는 시로 쓰게 된 심정을 이야기했다. 2월 11일 연극배우 이명행이 과거 성추행 사실이 SNS로 폭로되자 공식 사과문을 게재하고 출연 중이던 연극에서 하차했다. 2월 20일에는 청주대 교수이자 유명 배우 조민기의 성희롱, 성추행에 대한 폭로가 동시다발적으로 나왔다. 2월 14일 김수희 극단 미인 대표가 연출가 이윤택의 성폭력 사실을 폭로하자 이후 동일인물에 대한 폭로가 2주간 거의 매일 이어졌으며, 2월 28일 피해자 16명이 이윤택을 정식 고소했다.

에서 가장 영향력 있는 인물 1위, 가장 신뢰도 높은 언론인 2위로 꼽힌 인물이 아닌가.[4] 주장만으로도 여론의 향방을 좌우할 만한 영향력 있는 인물인 김어준의 말을 듣자마자 정치 평론을 하는 이들은 곧 거물급 정치인의 미투가 터질 거라고 앞다투어 예상 시나리오를 발표했다. 증권가 지라시도 발 빠르게 정치권 미투 예상 명단을 돌렸다. 과연 예상은 빗나가지 않았다. 2018년 3월 5일 안희정 전 충청남도 도지사에 대한 미투가 〈jtbc〉에서 보도되었고, 2018년 3월 7일 정봉주 전 국회의원에 대한 미투가 〈프레시안〉에서 보도되었다. 여기까지 보면 김어준의 말이 그대로 맞아떨어지는 것처럼 보였다.

단 두 가지만 빼고 말이다. 하나는 "피해자를 준비시킨다"는 언급이다. 피해자를 준비시킨다는 전제가 성립하려면 일단 피해자가 '있어야' 한다. 없는 피해를 만들어낸다거나, 피해자인 척하게 한다는 이야기가 아니다. 그는 사실 관계 자체에는 아예 관심을 두지 않는다. 이 프레임에서 중요한 점은 피해 사실의 진위 여부가 아니기 때문이다. 피해 사실이 '있더라도', 그것이 현 정권의 성공을 위한 지지 세력의 결집을 방해하려는 조직과 결탁해 있다면 그게 더 중요한 문제라는 것이 김어준이 말하고자 하는 핵심이다. 정권 수호 입장에서 보면 범민주 계열 정치인들에 대한 미투 운동은 결국 내부 총질을 하는 격이며, 거기에 나선 피

---

4) "비(非)주류에서 주류로 부상한 '뉴스 공장장(工場長)'", 〈시사저널〉 1514호, 2018년 10월 24일자. http://www.sisajournal.com/journal/article/178186

해자들이나 그들을 돕는 이들은 사소한 문제에 집착해("해일이 몰려오는데 조개나 줍는 격") 큰 그림을 보지 못하는 사람들이다.

이런 프레임은 지금까지도 작동하고 있다. 안희정 1심 재판에서 피고소인 안희정 측 변호인들은 고소인 김지은이 박근혜 정부 시절 계약직 공무원으로 근무한 것을 정치적인 성향 문제로 만들고자 했다. 문화체육관광부와 미래창조과학부에서 계약직 공무원으로 일한 경력을 "국정농단으로 현재 감옥에 가 있는 차은택이 단장으로 있었던 곳에서 근무"했다고 묘사하는 식이었다. "피해자를 준비시켜"라는 말은 피해자 뒤에 공작 세력이 있음을 전제한다. 그러나 피해자가 실제로 특정 세력과 결탁해 있다는 증거는 어디에서도 찾아내지 못했다. 왜냐하면 피해자들은 바로 진보와 인권을 표방했던 그들을 지지했던 사람이기 때문이다. 하지만 피해자들이 그들의 정치적 지지자였다는 사실은 철저하게 무시되었다. 여성 지지자들을 남성 정치인 개인의 매력에 끌린 일종의 팬덤으로 인지하는 경향이 있기 때문에 이러한 무시가 가능했을 것이다.

'준비시켜'라는 말을 다시 살펴보자. 어떤 보상이 주어지면 피해자로서 뉴스룸에 앉을 수 있을까. 일각에서는 과격한 여성 단체가 피해자를 설득해서 고발에 나서게 했다는 소문도 파다했다. 단언컨대 어떤 여성 단체도 피해자에게 자신의 인생을 걸고 뉴스룸에 앉아 최상위 권력자의 성폭력을 고발하라는 권유를 할 수 없다. 김지은이 자신의 얼굴을 드러내고 뉴스룸에 앉겠다고 결심한 이유는 이미 안희정 전 지사를 수행하면서 본인의 얼굴이 인터넷에 공개되었다는 사실을 알고 있었기 때문이다. 만약 얼굴과 이름을 숨기고 익명의 고발을 했더라면, 수많은 안희정 지지자들과 인터넷 특유의 신상 털기 문화가 합쳐져서 김지은의 얼굴부터 그 전 경력에 이르기까지 수많은 신상이 파헤쳐졌을 것이다. 안희정 경선 캠프에 있었던 보좌진과 자원 활동가, 도청에 근무하는 직원들까지 여성이라면 누구나 이 실시간 검색의 열풍에서 안전할 수 없었을 것이다. 조금만 생각해보면, 누가 누구를 어떻게 준비시켜서 억지로 하게 할 수 있는 일이 아니라는 것을 알 수 있다. 이뿐 아니다. 준비시킨다는 말 뒤에는 배후 세력의 존재를 암시할 뿐 아니라, 배후가 되기 위해 금전 거래가 이루어졌을 거라는 진부한 상상이 이어진다. 소위 '꽃뱀 담론'이다. 쉽게 상상하는 것과는 달리, 미투에 나선 피해자들은 가해자들과 사전 '협상' 같은 것을 한 일이 없다. 피해자를 준비시켰다면 누가 무엇을 위해 어떻게 준비시켰는지에 대한 설명이 있어야 할 텐데, 그런 내용은 전혀 구체적으로 언급되지 않는다. 즉 김어준의 '공작' 발언은 진영 논리와 피해자 비난 담론에 기댄 전형적인 프레임 전환 수법 이상도 이하도 아니었다.

또 하나 이상한 현상은 댓글 흐름이었다. 특히 안희정 전 지사에 대한 미투 이후, 댓글 공작과 가짜 뉴스가 조직적으로 생산되고 유포되었다. 몇 개의 아이디를 클릭해서 그동안 단 댓글들을 보기만 해도 일 수 있을 정도로 분량과 방식을 유추해보선

대 명백하게 댓글 '작업'이 이루어지고 있었다. 여러 개의 계정에서 동일한 내용의 글과 사진이 동시에 게재되기도 했다.

이런 댓글들이 일정 정도 이상의 '양'이 되면 어느 순간 여론의 공기가 달라진다. 그렇게 한번 흐름이 만들어지면 사람들은 생각을 멈추고 사건을 더 자세히 들여다보고 싶어 하지 않는다. 이해 당사자가 직접 움직이지 않으면, 특정한 집단이 분명한 목적으로 조직되어 있지 않으면, 동시다발적으로 유사한 내용이 퍼지고 그 결과 실시간 검색어의 내용이 바뀌는 건 거의 불가능한 일이다.

성폭력 사건에 이 정도의 댓글 공작이 이루어지는 경우를 이전에는 본 적이 없다. 피해자를 비난하고 가해자를 옹호하는 여론이 아무리 지배적이라고 해도, 몇 가지 정보가 이처럼 집중적으로 쓰이고 퍼지는 방식으로는 이루어지지 않는다. 분명히 조직적인 움직임이었다. 나는 그때부터 집중적으로 여론을 관찰하기 시작했다. 어디에서 이야기가 막히고 더 진전되지 않는지, 어디에서 어떤 방식으로 소문이 퍼지고, 그 소문이 나와 비슷한 생각을 품고 있던 신뢰할 만한 오랜 동료에까지도 스며드는지 기록하고 관찰했다. 댓글에 있던 이야기는 카페, 단체 카톡방, 라인 채팅방으로 24시간 이내에 옮겨졌고 대부분 당사자가 아니면 확인할 수 없는 매우 내밀한 정보로 포장되어 퍼지고 있었다. 피해자에게 불리한 정보였으니, 안희정 측에서 나온 정보일 가능성이 높았다.

김어준이 말한 '공작'이 정말 있었다면 그 공작을 하는 사람들은 '우리 편'을 분열시킬 계획을 품고 있는 이명박-박근혜를 지지하는 범보수층일 테지만, 그런 방식으로 퍼지는 모든 정보는 안희정에게 일방적으로 유리한 것들뿐이었다. 실제로 전 수행비서 어 모 씨, 열혈 지지 활동가 유 모 씨 등 안희정의 측근들은 김지은에 대한 명예훼손 및 모욕 혐의로 경찰 수사를 받은 결과 기소 의견으로 송치되었다.[5] 이들이 조직적으로 활동했는지, 아니면 성폭력에 대한 협소한 이해를 바탕으로 한 개인적 의견을 피력한 것이었는지는 모른다. 나에게 개인적으로 페이스북 메시지를 보내서 이 사건은 불륜이지 성폭력이 아니라고 주장했던 이들도 있었는데, 그런 의견들이 모두 '공작'이었을 리는 없다고 생각한다.

그렇다면 '예언'의 목적은 무엇이었을까. 김어준은 "지금 나와 있는 뉴스가 그렇다는 게 아니에요. 누군가 나타난다는 말이고, 그 타깃은 어디냐. 결국은 문재인 정부, 청와대, 진보적 지지층"이라는 말로 공작 정치의 배후가 있을 거라는 생각을 심어주었다. 이런 식으로 프레임을 만들면 사실 관계 사이에 비약이 있어도 사람들은 쉽게 그럴듯한 이야기로 받아들인다. 예를 들면 이런 식이다. 2018년 2월 24일, 같은 방송에서 김어준은 2012년에 금품 수수 혐의를 받던 박지원 의원이 검찰에 기습적으로 자진

---

5) "김지은 씨 겨냥 '비방 댓글' 안희정 측근 등 23명 검찰 송치", 〈연합뉴스〉, 2018년 10월 27일자.

출두를 해서 준비가 덜 된 검찰을 당황하게 하여 결과적으로 유리한 결론을 이끌어낸 사건을 언급한다. 3월 9일 안희정은 미투보도 이후 4일 만에 검찰이 소환하지도 않았는데 자진 출두를 했다. 글쎄, 나는 음모론자가 아니니까 무리한 주장은 하지 않으려 한다. 다만 이런 무리한 주장을 그럴듯하게 보이게 만드는 데 몇 가지 '기술'만 있으면 그다지 어렵지 않다는 것은 알고 있다. 여전히 궁금하다. 김어준의 '공작' 운운은 미투를 둘러싸고 벌어진 질 나쁜 농담의 하나였을까 아니면 그 자체가 미투 운동을 훼방 놓으려는 공작이었을까.

누가 무엇으로 재판을 받고 있었나

이러한 정황들이 내가 안희정 사건을 직접 방청해야겠다고 생각한 이유였다. 눈에 보이지 않게 작동하는 강고한 카르텔을 비집고 새로운 목소리가 들릴 수 있는 틈새를 찾아보고 싶었다. 최대한 거리를 두고 법정에서 오가는 이야기를 중심으로 삼아 사건을 서술해보리라. 사건의 실체에 대한 나 자신의 잠정적 의견도 다시 검토해보리라. 그런 마음으로 방청을 시작했다.

6월 15일, 6월 22일 공판 준비 기일 1, 2차가 열렸다. 공판 준비 기일은 재판 일정을 잡고, 증인 신청을 하며, 증거 목록을 확인하는 절차다. 이 과정에서는 재판부가 무엇을 쟁점으로 보는지를 알 수 있다.

공판 준비 기일의 핵심 쟁점은 디지털 포렌식(데이터 복구 기술)을 통해 복구한 휴대폰 자료 제출 여부였다. 안희정 측 변호인들은 디지털 포렌식을 이용해 복구된 피해자의 휴대폰 자료 전체를 달라고 요구했다. 검찰은 그걸 다 넘기면 불필요한 사적 정보가 공개되므로 기간이나 대화 상대 등을 특정해서 요청하면 주겠다고 답변했다. 방청석에 있던 나는 무슨 상황이 벌어지고 있는지 잘 이해가 가지 않았다. 그 전에 보도된 기사에 따르면, 피고인 안희정은 검찰 조사 과정에서 끝내 휴대폰을 제출하지 않았고 심지어 스스로 폐기했다는 의혹이 제기되어 증거 인멸의 우려 등을 이유로 구속 영장이 청구되었다. 그러나 구속 영장을 심사한 재판부는 피의자의 방어권이 충분히 행사될 필요가 있다고 판단하여 기각했다.[6] 증거 인멸의 우려가 있는 상황이었지만 안희정은 구속되지 않았다. 그런데 1심 재판이 개시되자마자 피의자가 제출했어야 했던 자료는 온데간데없고 안희정 측에서 도리어 피해자에게 자료를 달라고 요구했던 것이다. 이 상황을 대체 어떻게 이해할 수 있을까? 공동대책위원회의 김혜정 한국성폭력상담소 부소장은 공판이 시작되자마자 안희정의 휴대폰이

---

6) 서울서부지검 여성아동범죄조사부에서는 증거 인멸의 우려 등을 이유로 구속 영장을 재차 청구했으나 기각된 바 있다.("안희정 4일 영장 심사… 검찰, 구속 영장 재청구", 〈연합뉴스〉, 2018년 4월 2일자) 당시 구속 영장을 기각한 박승혜 판사는 "혐의를 다퉈볼 여지가 있고 피의자의 도주의 우려가 있다거나 방어권 행사의 범위를 넘어 증거를 인멸하고 있다는 점에 대한 소명이 부족하다"는 이유로 구속 영장을 기각했다.("안희정 구속 영장 또 기각… '범죄 혐의 다툴 여지'", 〈연합뉴스TV〉, 2018년 4월 5일)

폐기된 것은 문제삼지 않으면서 피해자의 사생활 자료 전체를 제공해야 하는지 여부로 공방을 벌인 것 자체가 '피고인' 재판이 아니라 '피해자' 재판으로 흘러가는 시작이었다고 비판한다.

또 다른 쟁점은 재판 공개 여부와 피해자의 방청권 문제였다. 검찰은 재판 전체를 비공개로 할 것을 요청했고, 피해자 변호사들은 비공개 여부는 재판부 입장에 따르겠으나 당사자로서 피해자가 방청할 수 있도록 해 달라고 했다. 안희정 측 변호인단에서는 재판 전체 비공개는 관계없지만 피해자도 다른 증인들의 비공개 증언에서는 다른 방청객과 동일하게 퇴정해야 한다고 주장했다. 형사재판에서 피고인은 재판 전 과정에 참석할 수 있지만 고소인은 당사자가 아니라 제3자로 취급받는 부조리 때문에 가능한 상황이었다. 재판부는 재판 지원 절차를 최대한 활용하여 피해자의 방청권을 보장하되, 재판 과정은 공개로 하기로 결정했다. 성폭력 사건에서 피해자 중심주의는 피해자 '보호'가 아니라 '권리'를 중심에 둘 때 의미가 있다. 재판부가 피해자를 보호하기 위해 차단막 설치 같은 조치를 취하는 데에는 열성적이면서 막상 피해자가 재판이 어떻게 진행되는지 정보를 얻으려하거나 증언에 대해 적극적으로 반박하는 것은 그다지 환영하지 않는 경우가 종종 있다. 권리에 대한 이해 없는 보호주의는 결국 피해자다움에 대한 고정관념으로 이어지게 마련이고, 피해자의 적극적 법적 대응 자체를 위축시킨다. 재판 과정을 비공개로 하고 피해자의 방청권을 보장하는 것은 피고인 중심으로 짜인 현행 형사소송 공판에서는 구조적으로 불가능한 일이었다.

재판이 시작되자마자 지독한 2차 피해가 이어지고 있어 걱정이 되었지만 막상 재판을 지켜보니 조금 안심이 되었다. 그동안 방청했던 어떤 재판보다도 피해자를 돕는 사람들이 많았기 때문이다. 보통 직장 내 성폭력 피해자는 이보다 훨씬 외로운 싸움을 한다. 하지만 피해자 측 증인과 가해자 측 증인을 신청하고 결정하는 과정에서 안희정 측의 위력은 유무형으로 존재했고 행사되었다. 예를 들어, 피해자 측 증인이 놓인 상황은 다음과 같았다. 증인 중 비공개 신청을 한 증인들은 대부분 피해자 측이었다. 불이익을 감수하고라도 증언하는 각오까지는 했지만 언론에 노출되고 싶지 않은 사람도 있었고, 상사가 증인으로 나서는 것까지는 편의를 봐주겠지만 외부로 알려지지는 않았으면 좋겠다고 한 경우도 있었다. 피해자 측 증인으로 나선 이들은 정치권에서 일한 경력이 짧고, 비정규직이거나 캠프에서 일했던 자원봉사자였다. 한번은 도청에서 근무했던 20대 직원이 증인석에 섰다. 현재 무슨 일을 하는지 재판부가 묻자 카페에서 아르바이트를 한다고 대답했다. 그때 내 바로 앞에 앉아 있던 안희정 측근으로 보이는 중년 남성은 혼잣말로 중얼댔다. "알바생이 뭘 안다고……." 안희정 측 방청객들은 주로 장년과 중년의 남성들이었다. 이들은 서로 악수하고 어깨를 두드리고 안희정을 비롯해 안희정 측 변호인단과 눈인사를 나누곤 했다.

안희정의 부인을 비롯해 안희정 측 참모들은 피해를 당한 뒤 김지은 씨가 일하면서 보인 행동은 피해자가 할 법한 행동으로 보이지 않았으며 안희정 팀의 업무 분위기는 민주적이고 수평적이었다는 내용으로 증언했다. 스위스 출장 이후 보낸 "ㅋㅋㅋㅋ"라는 이모티콘, 잘 지내는지, 일은 할 만한지를 묻는 질문에 (피해자가) "내 사장은 내가 지킨다"라는 내용의 문자를 보낸 걸로 보아 피해를 입었을 거라고 생각하지 않았다는 증언, 출장 중 안희정 부부 침실에 들어와 발치에 서 있는 비상식적인 행동을 했다는 증언, 안 전 지사와 맞담배를 피울 정도로 수평적 분위기였다는 내용 등이 공개되었다. 피해자 측 증인들은 캠프 내에서 폭언과 폭행이 일상적이었고 다른 성폭력 사건도 있었다고 증언했다. 안희정이 젊은 여성 스태프를 이상할 정도로 빤히 보는 버릇이 있었고, 여자가 있을 때는 말투도 달라진다는 내용의 증언도 있었다. 피해자는 도정 최초의 여성 수행비서로서 모든 사람의 이목이 집중되어 있었기에 주변에서 일은 할 만하냐고 물어보면 무조건 긍정적으로 답해야 하는 압력을 받는 상황이었으며, 침대 발치에 서 있었던 적은 없고 그 시간에 문밖에서 연락을 시도한 이유는 안희정과 내연 관계에 있는 다른 여성이 연락을 하려고 해서 급한 마음에 그리하게 되었다고 답했다.

안희정 쪽 참모들은 안희정이 권위적이지 않고 참모진과 수평적인 관계를 유지했다는 사실을 묘사하기 위해 참모진과 함께 담배를 피우기도 했다는 이야기를 법정에서 여러 번 강조했는데, 나중에 사실을 확인해보니 피해자가 안희정과 맞담배를 피웠다는 얘기가 아니라 본인들이 안희정과 맞담배를 피웠다는 얘기였다. 참고로 피해자는 담배를 배운 적도 없다고 한다. 피해자이지만 동시에 일하는 사람으로서 책임을 다한 모습은 안희정에 대한 집착으로 재구성되었고, 피해자가 바닥에 앉아 그림을 그리는 모습을 보고 안희정에게 귀엽게 보이려고 그랬을 것이라는 부인의 '감정'은 그 자체로 정당한 의혹이 되어 여과 없이 언론과 방청석에 노출되었다. 부인의 증언이 너무 감정적이라 나중에 재판부에서 자제를 요청할 정도였지만, 그런 내용은 언론 보도에 거의 반영되지 않았다. 다시 말해, 재판 과정 전체가 구조적으로 위력이 행사되는 장이었다. 안희정 쪽 변호인단은 이 사건을 최대한 '불륜'으로 몰아갔고, 피해자의 정치적 성향을 의심할 수 있는 방식으로 조장했다. 누가 무엇으로 재판을 받고 있는지 혼란스러울 정도였다. 안희정이 권력형 성폭력으로 재판을 받아야 할 재판정에서는 사건 관련 증언들이 불륜의 정황으로 배치되는 것이 허용되었고, 그 결과 부인의 증언이 끝나자마자 온갖 기사의 댓글은 "진짜 피해자는 부인"이라는 내용으로 도배되었다. 미투 운동을 대하는 한국 진보 남성 엘리트들의 사고방식과 재판부의 성의식이 완벽히 일치하는 순간이었다.

"어떻게 지위가 타인의 인권을 빼앗을 수 있습니까?"라는 비문(非文)

2018년 7월 27일, 연일 계속되는 무더위 속에서 1심의 결심 공판이 열렸다. 피고인 안희정은 1심 공판이 진행되는 동안 공개된 법정에서 진술을 한 적이 없다. 고소인 김지은은 검찰에서 수차례에 걸쳐 수십 시간 조사를 받았고, 1심 법정에서도 13시간 동안 자신의 피해 사실을 진술했다. 하지만 안희정은 그런 강도 높은 조사를 받지도 않았고, 법정에서 진술도 하지 않았다. 7월 27일의 결심 공판은 드디어 안희정 자신의 입으로 무슨 말을 하는지 들을 수 있는 기회였다. 오전에 피해자의 진술이 있은 후 휴정을 거쳐 오후가 되었다. 안희정의 최후 진술까지 듣고 갈 수 있을까. 나는 오후 늦게 다른 회의가 예정되어 있어서 그 약속을 좀 미뤄야 할까 고민하고 있었다. 안희정이 일어나 말하기 시작했다. 그는 피해자에게는 물론이고 재판부와 국민과 충청도민을 비롯해 피해자를 돕는 변호인단과 여성인권단체에도 죄송하다고 했다. "국민 여러분께 머리 숙여 사죄드립니다."라고 했던 탄핵된 전직 대통령의 사과처럼 보일 지경이었다. '아, 아직도 정치적으로 재기가 가능하다고 생각하고 있구나' 서늘한 깨달음이었다. 그는 이어 말했다.

"어떻게 지위가 타인의 인권을 빼앗을 수 있습니까?" 그의 말을 듣고 순간 방청석이 술렁였다. '무슨 말이야?' 입모양으로 서로 얼굴을 마주보며 갸우뚱하는 풍경이 펼쳐졌다. "뭐라고?" 법정에서 금지되어 있지만 깜짝 놀라 소리내어 되물은 사람마저 있었다. "어떻게 지위를 가진 사람이 타인의 인권을 그렇게 함부로 대할 수 있습니까?"라는 뜻일까? 아니면 "어떻게 지위로 타인의 인권을 빼앗을 수 있습니까?"라는 뜻이었을까?[7]

이 비문(非文)은 상징적이다. 이 문장에서 주어는 '지위'다. 지위(地位)는 도달한 자리라는 뜻이며, 이 문맥에서는 도지사 지위를 의미할 것이다. 도지사라는 지위에서는 타인의 인권을 빼앗을 수 없다는 의미일까? 그러려면 "현재 지방자치선거를 통해 선출되는 도지사라는 지위는 매우 불안정하므로 늘 도민들의 심기를 살펴야 할 정도인데, 그런 상황에서 어떻게 타인의 인권을 빼앗을 수 있겠습니까?" 같은 문장이 앞에 있어야 했다. 하지만 안희정은 그렇게 말하지 않았다. 오직 저 비문으로 된 문장 한 줄이 그가 말한 전부였다. 도무지 알 수 없는 문장이었다. 자신에게 주어진 가장 공식적인 발언 기회를 저런 비문 한 문장으로 끝내버린다는 걸 믿을 수 없었다. 평소 다소 장황하다는 평가를 받을 만큼 달변으로 유명했던 사람 아닌가.

오전에 고소인 김지은은 8페이지에 달하는 진술문을 읽었다. 그 진술문은 한 줄 한 줄 너무나 단단한 문장으로 이루어져 있

7) 2019년 1월 9일, 2심 결심 공판에서도 안희정이 자신의 입을 통해 말한 진술은 1심 결심 당시와 거의 유사했다. 다만 "어떻게 지위로 타인의 인권을 빼앗을 수 있습니까?"라고 비문이 고쳐졌을 뿐이다.

었고, 이를 악물고 울지 않으려는 마음이 그대로 방청객에게 전달되어 방청석에는 손에 손을 타고 눈물을 닦기 위한 휴지와 손수건이 조용히 전해졌다. 하지만 오후의 풍경은 완전히 달랐다. 안희정이 아무것도 준비하지 않았음을 잘 보여주는 저 한 줄의 비문은, 역설적으로 그동안 법정이 얼마나 안희정에게 안온한 공간이었는지를 잘 보여주었다. 아마 성폭력 사건 방청을 해본 사람이라면 모두 공감할 이야기일 텐데, 가해자들은 놀랍게도 변명을 치밀하게 준비해오지 않는다. 앞뒤가 맞지 않는 진술을 하기도 하고, 사건 정황에 대해 적극적인 설명을 하기보다는 자신이 얼마나 사회적으로 필요한 사람인지 앞으로 얼마나 열심히 살아갈 것인지를 증명하는 데 시간을 보내기도 한다.

20여 년 전 내가 처음 성폭력 사건을 방청했을 때만 해도, 그런 식으로 진술하는 가해자를 보고 쉽게 이길 수 있을 거라고 생각했다. 하지만 착각이었다. 재판에서 이길 자신이 있는 가해자만이, 저렇게 준비를 제대로 해오지 않는다는 것을 나중에야 알았다. 안희정의 저 한 문장을 듣고 나는 매우 불길한 예감이 들었다.

존재하는 위력은 반드시 행사된다

아니나 다를까. 그로부터 20여 일 후 8월 14일에 나온 1심 공판의 결과는 참담했다. 강제추행 5회, 업무상 위력에 의한 추행

1회, 업무상 위력에 의한 간음 4회라는 공소 사실 전부에 대해 재판부는 무죄를 선고했다. 재판부는 업무상 위력 관계에 있음은 인정되나, 위력을 실제로 행하여 성적 자기결정권을 침해했다는 결정을 내리기에는 범죄가 충분히 증명되지 않는다고 판단했다.

114페이지에 달하는 판결문에서 재판부가 김지은의 진술을 배척한 이유는 다음과 같았다. 첫째, 최초의 위력 간음이 발생한 다음날 아침 안희정이 좋아하는 식사 메뉴를 찾으려 한 것은 통상의 피해자들이 보이는 반응과는 다르다는 것. 둘째, 사건 이후에도 제3자에게 안희정에 대한 존경과 지지 의사를 표명했다는 것. 셋째, 피해 후유증을 전혀 감지하지 못할 정도로 일상 업무를 잘 수행했다는 것.

재판부는 정말 몰랐던 것일까 아니면 모르는 척한 것일까? 저 세 가지는 모두 갑을 관계에서 을의 위치에 있는 사람, 그것도 지근거리에서 수행 업무를 담당하는 사람이라면 당연하게 장착하고 있는 업무 태도다. 수많은 직장인들이 입맛이 까다로운 상사 때문에 괴로워하며 식당 정보를 업데이트하고, 전날 상사에게 죽도록 깨져도 다음날 출근해서 다시 상사와 눈을 맞춘다. 그리고 이 모든 것을 견딜 만한 것으로 만들기 위해 상사에게서 배울 점을, 존경할 점을 끊임없이 찾는다. 김지은은 안희정의 정치적 성향과 비전을 지지해서 캠프에서 일했으므로, 성폭력 사건 이후에도 안희정에 대한 존경과 지지를 유지하려고 한 것은 이상한 일이 아니다.

교수에게 성폭력을 당한 피해자 S는 자신의 피해 당시 상황과 감정을 다음과 같이 설명한 적이 있다.[8] 가해자는 전공하고 싶은 분야에서 유일하게 지도할 수 있는 교수였고 성품이나 실력 면에서 모두에게 인정받는 분이었는데, S는 입학하고 얼마 안 되어 성폭력 피해를 입었다고 한다. 하지만 다음날 교수가 자신이 큰 실수를 했다고 사과하길래 넘어가줬다고 한다. 그러나 얼마 안 되서 또다시 같은 일이 벌어졌고, 그때 그냥 넘어가서는 안 되는 거였다고 후회하며 얼굴이 굳어져 있자 교수가 수업 중에 다른 학생들을 모두 내보낸 다음 교실에서 자해 소동을 벌이며 자신이 먹고 있는 약을 보여주었다고 한다. 아무도 믿지 않겠지만 그런 식으로 6개월 동안 십수 차례에 걸쳐 성폭력을 당했는데, 그때마다 각기 다른 방식으로 자신을 설득하거나 사과하거나 회유했고, 그때마다 가해자의 변명을 어떻게든 믿고 싶었다고 한다. 그러다가 도저히 견딜 수 없어 학교를 그만둘 결심을 하고 학내 기구에 고발했고, 그 결과 교수가 징계를 받았는데, S는 지금도 그의 실력은 인정한다고 말했다. 아는 사람에 의한 성폭력 중에서도 자신이 믿고 따르던 신뢰 관계에 있던 사람에 의한 성폭력이 더 오랜 후유증으로 남는 이유는 피해자가 이

---

8) 나는 피해자 S를 2000년대 초에 만나 지원하다가 연락이 끊겼는데, 안희정 사건 이후 S에게서 이메일이 왔다. 이 글에 자신의 피해 사례를 쓰도록 허락해준 S에게 감사를 드린다.

렇듯 여러 가지 모순된 감정을 동시에 느끼기 때문이다. 보통 위력에 의한 성폭력 가해자들은 폭행이나 협박 대신 자신이 가진 권력의 무게를 호소하거나 앞길을 보장해주겠다는 등의 약속을 통해 힘을 행사한다. 그래서 피해자는 다른 누구보다도 가해자의 행동을 어떻게든 합리화하고 이해해보려고 노력해본 사람이기도 하다.

또한 재판부에서 중요하게 언급한 사건 발생 다음날 '식당' 예약 건의 경우 김지은은 '한식당으로 가자'는 제안은 자신이 아니라 다른 보좌진이 한 말로 기억하고 있다. 누가 한식당을 제안했든지 이것으로 사건의 본질이 달라질 리는 만무하다. 1심 재판부는 피고인과 피해자의 진술이 배치될 때 특별한 근거 없이 피해자의 진술을 배척했다. 증거보다 추정에 의지했고, 피고인에 대한 검증은 부재했다.[9] 설령 김지은이 한식당으로 가자고 했더라도 식당을 찾고 동선을 짜는 것 자체가 수행비서진의 주요 업무이다. 이번 판결에 많은 직장인들이 분노한 점도 바로 여기였다. 여성뿐만 아니라 남성 역시 직장 생활을 하면서 위력에 의해 벌어지는 수많은 일들을 감내한다. 위력에 의한 회식, 위력에 의한 등산 등을 경험하지 못한 직장인이 오히려 소수일 것이다. 상사가 욕하고 때리고 만져도 다음날 출근해야 하는 직장인

---

9) 다음 특집 기사 참조. "안희정 편파 재판 논란 - 비전문성과 편파성, 피고인 검증 부재", "안희정 재판 과정 문제 - 증거보다 추정", 〈한겨레21〉 1226호, 2018년 8월 27일자.

들은 김지은의 상황을 잘 알았다.

재판부는 모르지만 직장인들은 아는 것은 이뿐만이 아니다. 재판부에서는 위력 간음의 법리를 검토하면서 내가 여태껏 어떤 판결에서도 본 적이 없는 '쪼개기' 신공을 펼쳤다. 위력의 존재와 행사를 나눈 것이다. "피고인이 위력을 일반적으로 행사해 왔다거나 이를 남용해 '위력의 존재감' 자체로 피해자의 자유의사를 억압했다고 볼 만한 증거가 부족하고, 저항을 곤란하게 하는 물리적 강제력이 행사된 구체적 증거는 보이지 않는다." 재판부는 도지사와 비서가 위력 관계라는 것은 맞지만 평소에 도지사가 도지사로서 위력을 남용한 바 없다는 다른 증인들의 증언을 근거로 삼아 안희정이 일상적으로 위력을 행사하지 않았다고 판단했다. 어떤 성폭력 가해자들은 조직 내에서 무소불위의 권력을 행사하기도 하지만, 또 다른 유형의 성폭력 가해자들은 조직 내에서 자신이 권력자가 아니라 평등한 상사라는 점을 어필하고 싶어 한다. 들어온 지 얼마 안 된 신입 여직원에게는 원치 않는 성적 접근을 상습적으로 하면서 한편으로 다른 직원들에게는 권위적이지 않은 좋은 상사의 모습을 보인다. 이렇게 되면 조직 전체가 그 여직원이 겪고 있는 피해는 보지 않으려 한다. 한 사람만 참으면 모두가 행복해지는 상황을 만들어놓는 전형적인 방식 중 하나다.

위력이 행사되는 방식은 매우 다양하다. 안희정이 다른 남자 수행비서들과 맞담배를 피우면서 권위적으로 굴지 않았다는 것이 어째서 그가 여자 수행비서에게 상습적으로 성적인 접근을 한 것에 대한 면죄부가 되는가? 안희정은 왜 남자 수행비서에게는 요구하지 않던 '전 일정 배석'이라는 밀착 수행을 여자 수행비서에게만 요구했는가? 민주적이고 수평적이었다는 증언과는 달리 안희정은 수행비서에게 문장이 아닌 단답형 단어로 지시했다. '담배', '물', '김치' 등 단어만 쓰면 알아서 비서가 원하는 것을 즉시 가져다주어야 하는 식이었다. 목욕비부터 담배에 이르기까지 소소하게 지출되는 비용은 수행비서 개인 비용으로 충당해야 했으며, 전화를 착신으로 바꿔 언제든 안희정의 전화를 대리해서 수신해야 했다. 출퇴근 시간을 전혀 조정할 수 없었고, 업무 범위는 안희정의 지시에 따라 그때그때 달라졌다. 심기 관리는 비서들의 핵심 감정 노동이었다. 위력이 존재하나 행사되지 않은 것이 아니라, 위력은 매일 매순간 행사되었다. 다만 행사되는 방식이 그때그때 달라졌을 뿐이다. 언짢은 기색은 문자 메시지 두 개의 점(".")으로 표시되었고, "너는 나의 메모리 저장 장치"라고 말하며 모든 것을 바로 기억해내라는 압력을 늘 주었다. 이것이 김지은이 '뉴스룸'에서부터 1심 결심에 이르기까지 일관되게 주장한 내용이다. 안희정은 이 내용에 대해 지금까지 한 번도 직접적인 반박을 하지 않았다. 이 내용을 반박할 수 있는 사람은 안희정 자신뿐이다. 다른 남자 수행원들이 "저한테는 안 그랬어요."라고 하는 말이 대체 무슨 의미가 있단 말인가.

모든 직장 내 성희롱이 무소불위의 권력을 가진 상사가 억지로 허리를 안고 술을 따르게 하고 강제로 신체 접촉을 하는 방식으로 이어지지는 않는다. 팀에서 가장 어리고 예쁜 여성에게 알아서 분위기를 맞추라고 하거나, 분위기를 못 맞추면 그동안 분위기를 맞춰 왔던 선배 상사가 한숨을 쉬면서 내가 아직도 이런 거 해야 하냐고 하면서 무언의 압력을 행사한다. 이중 그 어느 것도 직접적인 강요는 아니지만 거절하기 어려운 분위기를 조성한다. 국내 웹하드 1, 2위 업체의 실소유주로 알려진 양진호 같은 방식으로 위력을 행사하는 일은 오히려 매우 드물다. 그리고 당연히 위력의 행사 방식은 성별에 따라 다르게 이루어진다. '존경받는' 위치에 있는 지도자의 민낯이 드러날 때 주변 사람들이 "그러실 분이 아닌데"라고 말하는 경우가 얼마나 많은가. 그래도 되는 사람에게만 그래도 되는 방식으로 위력이 행사된다는 얘기다. 성폭력이나 가정 폭력을 저지르는 가해자들 중 상당수가 주변 사람들에게 일상적으로 하는 행동이 피해자들에게 하는 행동과 극적으로 대비될 만큼 다르다. 또한 위력의 존재감은 사람에 따라 다르게 경험된다. 예를 들어 신입일 때, 조직 안에 자신의 상황을 충분히 털어놓을 만한 인적 네트워크가 없을 때, 이처럼 유독 취약한 상황에서 위력의 존재감은 다른 경우보다 극대화된다.

다시 안희정 사건으로 돌아가보자. 공소가 제기된 총 10건의 사건 가운데 8건이 피해자가 근무를 시작하고 두 달 안에 벌어졌다. 최초의 성폭력은 근무를 시작한 지 3주 만에 해외 출장 중에 벌어졌다. 피해자 입장에서 생각해보라. 안희정은 유력 대선 주자였고 임면권자였다. 정치권에 들어온 지 얼마 되지 않은 피해자는 이곳에서 제일 중요한 건 평판 관리라는 말을 주변에서 계속 듣고 있는 상황이었다. 상상이나 할 수 있었을까. 존경하는 정치인이 차라리 강압적으로 나왔다면 훨씬 명백하게 상황 판단을 했을지도 모른다. 그러나 대의명분의 무게를 진 책임감을 호소하며 자신을 안아 달라고 부탁했다면, 그 과정에서 최선을 다해 고개를 젓고 땅을 쳐다보며 이 모든 것을 원치 않는다는 것을 전하기 위해 아주 뻣뻣하고 소극적으로 구는 것 외에 어떤 행동을 더 할 수 있었을까.

반복해서 강조하건대, 안희정은 굳이 폭행이나 협박을 동원하지 않아도 충분히 상대방의 의사를 제압할 수 있을 정도로 압도적인 권력을 가진 사람이었고, 그것은 재판 당시에도 마찬가지였다. 위력은 재판부 배당 과정에서부터 드러났다. 법원은 재판받는 당사자가 신청하는 재판부 기피 이외에도 법관과 변호인의 연고 관계가 확인되면 재배당한다는 원칙이 있다. 유무형의 인적 네트워크로 인해 재판에 영향을 받을 수 있는 가능성을 제거하기 위해서이다. 원래 2심 재판 개시일은 11월 22일이었는데, 재판부 기피 신청이 받아들여져 12월 21일로 변경되었다. 뒤늦게 선임계를 제출한 피고인 안희정의 변호인과 서울고등법원 형사8부 소속 법관이 같은 과 동기였기 때문이다. 1심에서는 판사가 피고인의 지사 재임 시설 연고 관계가 있다는 이유로 사건이

재배당되었다. 검찰 조사와 1심 재판에서 피고인 안희정 측의 법률 대리인으로 선임된 변호사는 최소 4명 이상이었는데, 여기에는 2004년 서울고등법원장과 2007년 정부공직자윤리위원회 위원장을 지낸 판사 출신 변호사, 2002년부터 14년간 검사 생활을 하다가 2016년에 변호사를 개업한 검사 출신 변호사, 2018년 지방법원 부장판사 퇴직 후 대형 로펌으로 이전한 사람 중 가장 기수 높은 사람이 포함되었다.

실제로 재판에 영향을 미칠지는 알 수 없으나 이렇듯 위력은 존재할 경우 '행사'될 수 있는 '가능성의 세계'를 연다. 존재하는 위력은 반드시 행사된다. 그 점을 재판부도 잘 알고 있기 때문에 기피 신청 같은 제도를 만든 것이 아닌가. 위력이 사람에 따라 다르게 행사되기 때문에 당사자들 간에 직접적인 업무 관련성이 얼마나 있는지 살피는 것이 아닌가. 그런데 위력이 존재만 하고 행사된 적이 없다는 것이 1심 재판부 판결의 전부였다. 애초에 위력에 의한 간음죄 자체가 폭행이나 협박 등 명시적인 증거가 없더라도 위력을 활용해 성을 착취하는 경우를 법적으로 제어하기 위해 만들어진 법이다. 따라서 "위력이 존재하나 행사되지 않았다"는 말은 업무상 위력에 의한 간음죄를 만든 목적 자체에 위배되는 판결이다. 위력 관계에서 상대방의 동의 없이 성관계를 제안하고 실행한 것 자체가 위력에 의한 간음의 성립 조건이기 때문이다.

진영론, 문제 제기를 막는 가장 효과적인 방법

'미투'는 한국 사회를 지배하는 남성 중심적 성 문화를 뿌리째 뒤흔들어 일상의 혁명을 촉구하는 매우 급진적인 운동이다. 호주제 폐지 운동 이후에 이렇게 전방위로 전 세대에 걸친 여성들이 고르게 지지한 운동은 없었다. 서울, 대구, 부산, 대전, 광주, 제주 등 전국 어디에서나 '미투'를 주제로 한 집회, 토론회, 강연회가 열렸다.

그러나 서지현 검사의 미투 이후, 문화예술계 전반에 걸쳐 특히 연극계를 중심으로 미투가 이어지는 와중에도, 몇 주 만에 양비론이 고개를 들기 시작했고 그 틈을 타 가해자 동정 여론도 자리를 폈다. 김지은의 미투 이후에는 각종 모임에서 안희정 사건을 둘러싸고 종종 언쟁이 벌어진다는 얘기가 들려오곤 했다. 가벼운 사교 모임을 비롯해 느슨한 신뢰로 엮인 공적 관계에서 굳이 갈등을 증폭시키고 싶은 사람은 없다. 이런 곳에서 누군가 슬쩍 '카더라'로 들은 이야기를 꺼내면 그런 이야기 자체가 하나의 정보로 취급되거나 가벼운 가십이 되어 자연스럽게 퍼져 갔다. 소문의 출처를 따져 묻거나 피해자를 비난하는 담화에 저항하는 사람도 있었지만 소수에 불과했고 그 자체가 또 하나의 갈등이자 공방으로 취급되기 일쑤였다. 일상의 여론도 이런데 언론마저 '진실 공방'이라는 식으로 보도하면 사람들은 이제 판단을 멈춰버린다. 정보가 편향되어 있거나 오염되었나는 생각이

들면 사람들은 공들여 정보의 질을 따져 묻기보다는 아예 관련 논의 전체에서 손을 떼고 싶어 한다. 어떤 식으로든 안희정에게 유리한 전개였다.

소위 진보 진영의 영향력 있는 정치 평론가들은 공사 영역을 막론하고 진영론을 퍼뜨리며 안희정을 옹호했다. 진영론은 이들에게 아주 쓸모 있는 수단이었다. 댓글 공작과 가짜 뉴스의 효과는 즉각 나타났다.

3월 5일 안희정을 향한 미투가 있고 이틀 뒤에 정봉주 전 의원에 대한 미투가 터졌다. 정봉주는 김어준, 주진우와 함께 팟캐스트 프로그램 〈나는 꼼수다〉를 진행했고, 이명박 저격수라는 별명답게 BBK 주가 조작 사건 의혹을 제기하다가 허위사실 유포 명예훼손죄로 1년 동안 징역을 살았으며, 2017년 12월 문재인 대통령이 정치인 중 유일하게 복권해주어 '원 포인트 복권'이라는 말까지 들었던 '주요' 인사다. 이명박-박근혜 정부의 실정과 비리를 집요하게 파고들었던 인물이기에 현직 의원은 아니었지만 정봉주의 영향력은 상당했다. 그런 만큼 미투의 여파도 컸다. 보도를 통해 알려진 사건의 전말은 다음과 같다.

2018년 3월 7일, 〈프레시안〉은 2011년 정봉주에게 성추행을 당했다는 피해자 A씨의 주장을 보도했다. 다음은 A씨가 주장한 사건 정황이다. A씨는 함께 언론사 시험을 준비하던 친구의 소개로 정봉주 지지자 모임에 나갔다. 모임 후 개인 연락처로 연락이 오길래 정봉주가 지지자들과 격의 없이 소통한다는 생각을 하게 되었고, 정치인 정봉주를 지지하는 마음으로 그 후에도 오프라인 모임에 참석했다. 하지만 A씨가 기자 지망생이며 언론사 시험을 준비한다고 하자 정봉주는 자기 역시 월간지 〈말〉의 기자 출신이라 언론계에 아는 사람이 많다며 도움을 주겠다고 하거나, 성형 수술을 권유하는 등 원치 않는 방식으로 접근하여 지지자 모임에 더는 나가지 않았다. 그러다가 2011년 12월 정봉주가 선거법 위반으로 부당하게 징역을 살게 되었다는 기사를 접하고 응원하는 문자를 보냈다. 그러자 정봉주가 바로 만나자는 연락을 해 왔고 수감을 앞둔 사람의 청을 거절하기 어려워 약속 장소에 나갔다. 날짜는 정봉주가 수감되기 이틀 전인 12월 23일이었고, 장소는 여의도 렉싱턴 호텔 커피숍이었다. 정봉주는 A씨를 보자마자 전에 언급했던 성형 수술을 또 언급하며 "졸업 선물로 성형 수술을 해주려고 했는데"라고 말했고, 대화가 끝나 나가려고 할 때 A씨에게 다가와 포옹을 하고 키스를 하려고 시도했다. 그때 A씨가 뿌리치고 나왔는데 주변이 어두워지기 시작하고 있었다고 한다.

A씨는 사건 직후 주변 친구들에게 이 일에 관해 말했고, 남자 친구에게는 사건 정황이 담긴 이메일을 보내기도 했다. A씨는 7년 전 이메일을 〈프레시안〉 기자에게 증거로 제시했다. 정봉주가 정치시사 평론가로, 방송인으로 활동하는 것은 어쩔 수 없

지만 서울시장 같은 공직을 맡기에는 부적절하다고 생각해서 이 사실을 말하는 것이라고 했다.

〈프레시안〉의 보도가 나가자 정봉주는 피해자 A씨의 진술을 전면 부인했다. 그런 일은 없었다, 그 호텔 커피숍에 간 일이 없으므로 만난 적도 없다고 답했다. 특히 사건이 일어난 시간이라고 추정되는 2011년 12월 23일 오후 1시부터 5시 사이에는 780장의 사진이 촘촘히 찍혀 있어 완벽한 알리바이가 있다고 했다. 피해자 측에서는 7년 전에 미래에 있을 미투를 준비하려고 지인에게 이런 일을 겪었다는 이메일을 미리 보내 두었을 리가 있냐고 답했고, 해당 사건뿐만 아니라 정봉주가 어린 여성 지지자들에게 개인적으로 연락을 하거나 취업이나 졸업을 하면 선물을 주거나 성형을 시켜주겠다고 하는 등 상습적으로 권력형 성희롱을 저질러 왔다고 말했다.

정봉주는 이 모든 의혹에 답하지 않고, 해당 일시에 알리바이가 있다는 말만 반복했다. 정봉주는 세간의 관심을 해당 일시에 집중시켰고 언론사를 고발했다. 다시 사건을 돌아봐도 '천재적인' 언론 플레이였다고 생각한다. 〈프레시안〉 기자가 정봉주 측에 보낸 카톡을 공개해 '나이 어린 여자 기자'에 대한 혐오를 부추기고, 거기에 넘어간 다른 언론을 질타하며 6개 언론사를 고소했다. 마지막에는 〈프레시안〉만 남기고 다른 언론사들에 대한 고소를 취하해 〈프레시안〉 대 정봉주로 사건의 초점을 이동시켰다. 한 언론사의 문제가 되자 다른 언론사들은 관심을 더 보이지 않거나 기사로 다루기 까다로워했다. 정봉주의 고소와 지지자들의 결집 때문에 매체들은 쉽게 기사를 싣지 못하게 되었다. 당시 피해자를 옹호하고 정봉주를 비판하는 글을 쓴 진중권은 기고처를 찾지 못했고(《오마이뉴스》에서도 정식 기사로 채택되지 않았다), 나 역시 관련 글을 쓰겠다고 했으나 평소에 글을 청탁하곤 했던 여러 매체에서 모두 곤란하다는 답이 왔다. 당시 관련 글을 썼다가 결국은 게재하지 못한 다른 필자들도 있었다.

　피해자에게 응답하기를 철저하게 무시하고 언론 보도를 통제한 정봉주의 전략은 매우 성공적이었다. 얼굴과 실명을 드러내지 않는 미투는 진정한 미투가 아니라는 식의 프레임을 만드는 데도 성공했다. 만약 정봉주가 그토록 자신만만하게 780장의 사진을 들이댄 바로 그날 그 시간 즈음에 본인의 알리바이를 완전히 뒤집어버리는 증거가 나타나지 않았다면, 피해자의 진술은 아무도 믿지 않은 채 끝났을 것이다. 12월 23일 그 호텔 커피숍에서 오후 6시 43분에 결제한 카드 내역이 나오지 않았다면 이 사건은 완벽하게 정봉주의 승리였을 것이다. 정봉주는 자신의 카드로 결제한 사실이 확인되자 고소를 취하하고 정계 은퇴를 선언했지만 그러면서도 끝내 호텔에 간 기억이 없다고 말했고 피해자에게 사과도 하지 않았다. 그리고 2018년 10월 자신을 '미투 전문가'로 소개하며 보수가 점령한 유튜브를 자신이 제패하겠다며 유튜브 채널로 돌아왔다.[10] 정봉주는 끝까지 이 사건을 〈프레시안〉 대 자신의 싸움으로 만들며, 〈프레시안〉의 보도는 모두 허위이고 이 모든 것은 자신을 낙선시키기 위한 대국민 사기극이라고 주장했다. 당일 행적을 찍은 780장의 사진을 내세우며 '팩트'를 밀고나간 정봉주는 결국 '팩트'로 무너졌다. 피해자의 증언과 관련 사실을 보도한 언론사를 새빨간 거짓말쟁이로 몰고 간 것은 정봉주와 그의 친구들이었고, 서울중앙지검 공안2부는 2018년 11월 29일 정봉주를 허위사실 공표와 명예훼손 및 무고 혐의로 기소했다.[11] 이 사건은 다행히 사건을 보도한 언론사의 승리로 끝났지만, 여전히 많은 사람들은 사건의 개요조차 잘 알지 못하며, 정봉주는 아직도 성추행 사실을 인정하지 않고 있다. 공작의 눈으로 짠 진영론 프레임이 누구에게 도움이 되었는지를 다시 확인할 수 있는 일이다.

'여자 문제'라는 프레임

안희정 1심의 결정적인 장면을 꼽자면, 바로 부인을 증언대로 부른 안희정 측과 이를 허용한 재판부의 공조일 것이다. 안희정 사건은 2018년 미투 운동에서 가장 충격적인 사건 중 하나였고, 이후 피해자 비난이 가장 조직적으로 자행된 사건으로 기록될 것이다. 사건의 충격이 가시기도 전에 안희정 측에서는 문제는

---

10) "정계 은퇴한 정봉주 '보수가 제패한 유튜브 점령할 것'", 〈중앙일보〉, 2018년 10월 28일자.
11) "'미투' 정봉주, 명예훼손·무고 혐의 기소", 〈한겨레〉, 2018년 11월 29일자.

불륜이지 폭력이 아니라고 말하고 싶어 했다. 안희정 사건만을 겨냥한 것은 아니지만 2018년 2월에 증권가를 중심으로 돌았던 미투 관련 지라시에서는 "○○, 미투는 아니고 불륜"류의 제목이 화제였다.[12] 나중에는 미투와 불륜을 합쳐 통칭 '여자 문제'라고도 했다. 2018년 지방선거에서 경상남도 도의원 산청군선거구의 더불어민주당 최호림 후보자는 현수막에 다음과 같이 썼다. "저는 여자 문제가 하나도 없습니다^^"[13]

여자 문제라는 프레임은 세 가지 차원으로 작동했다. 하나는 진보 남성 엘리트들이 공유하고 있는 남성 문화를 드러냈고, 또 하나는 여성을 분열시켰고, 마지막으로 이성애 남성 권력이 작동할 수 있는 토대를 재생산했다.

소위 진보 남성 엘리트들은 자신의 지지자, 팬, 제자, 학생 들이 미투할 때 가장 격렬하게 '저항'한다. 한때 좋아하고 지지하고 따르던 이들이 선생님, 상사, 대표를 향해 미투를 제기했을 때 이것을 성폭력의 문제로, 남성 기득권 권력의 문제로 이해하는 이들은 거의 없다. 진보 남성 정치인들은 (보수와 다름없이) 미투를 '여자 문제'로 이해한다. "큰일 하는 남자가 아랫도리 간수를 제대로 못한 일"로 취급한다. 진보 남성 엘리트들은 대체로 이를 "좌절된 사랑 때문에 생긴 복수" 정도로 생각했고, 다소

---

12) 2018년 2월 20일부터 3월 10일 사이에 발간된 유료 지라시들 대부분이 미투 예상 명단을 작성했다.
13) "'누가 누가 더 기발한가' 빵터지는 지방선거 현수막 경쟁", 〈한겨레〉, 2018년 6월 7일자.

부적절한 수준의 여자 문제 혹은 스캔들이라고 생각했다. 특히 386세대 남성 정치인들은 고리타분하게 대의명분에만 집착하지 않고 대중과 소통한다는 것을 보여주기 위해, 보통 남자라는 것을 어필하기 위해 "여자 좋아하는 보통 남자"의 모습을 보여주고 싶어 했다. 여성의 가슴에 대한 생물학적 완성도를 논한다거나, 서로의 은밀한 야동 폴더를 은근히 폭로한다거나 하는 식으로 진보 진영 남자들이 남성 연대를 확인하는 과정에서 여성을 성적 대상으로 타자화하는 일은 너무 흔한 일이라 사례를 꼽는 것이 무의미할 지경이다. 다소 경박해 보이는 것 자체가 새로운 쿨한 진보의 모습으로 소비되었고, 이를 통해 탈권위적인 이미지를 얻을 수 있었다. 문제는 이 과정에서 "남자가 그럴 수도 있지."라며 광범위하게 퍼져 있는 강간 문화를 실행한 것에 대해 '격려'받고, 여성을 매개로 한 남성 연대를 노골적으로 확인하는 방식으로 새로운 남성 문화의 헤게모니가 구축되었다는 점이다.[14]

이들은 섹슈얼리티 그 자체가 권력 장치의 일부로 기능한다는 사실을 모른다. 우리 시대의 성적 주체화 양식 자체가 다시 질문되어야 한다는 것을 전혀 이해하지 못한다. 그리고 섹슈얼리티

---

14) 여성을 매개로 한 남성 연대의 상징적 장면 중 하나는 2018년 9월 미국의 브렛 캐버노(Brett Kavanaugh) 연방 대법관의 인사청문회 과정에서 밝혀진 '레나트(Renate) 졸업생들'이라는 제목의 남학생 스포츠클럽의 사진이었다. 레나트는 당시 인기 있었던 여학생의 실제 이름인데, 이들 남학생들은 스스로를 레나트 졸업생들이라고 부르며 레나트를 매개로 한 남성들 간의 돈독한 우정을 과시했다.

를 자유와 쾌락과 동일한 것으로 여기며 마음껏 향유할 권리를 주장한다. 그러한 향유가 가능한 조건 자체가 매우 특권적이라는 사실에 무지하거나 그 사실을 부인한다.

여자 문제라는 프레임으로 미투를 대한 건 남자들만이 아니었다. 안희정 사건을 방청하고, 관련된 강의를 하고 글을 쓰면서 내내 가장 나를 혼란스럽게 만든 것은 386세대 일부 여성들의 태도였다. 평범한 직장인으로 살아가는 여성들은 오히려 1심 판결이 매우 부당하다며 분개한 반면, 운동 사회 내부에서 혹은 그 언저리에서 한국 사회 제반 문제에 관심을 가지고 행동하는 시민으로 살아가고자 하는 헌신적인 지역 활동가이자 인권 운동가인 여성들이 오히려 이 문제에 대해 판단하기를 매우 어려워했다. 이들은 다른 모든 문제에 있어서는 약자에게 감정 이입을 대단히 잘하고 사회적 정의감이 넘치지만 유독 성폭력 문제에 있어서는 '거리를 두고' 대한다. 왜일까? 로빈 월쇼(Robin Warshaw)는 여자들이 '아는 사람에게 강간당한' 피해자를 '낯선 사람에게 강간당한' 피해자보다 비난하는 이유는 그래야만 스스로 안전하다는 느낌을 받기 때문이라고 설명한다. "많은 여자들은 피해 경험자의 메시지가 의미하는 것을 부인하고 싶어 하는데, 멀쩡한 남자, 즉 자신들이 알고 좋아할 가능성이 있는 그런 남자가 성적으로 폭력적이라는 사실을 받아들이게 되면 자신 역시 잠재적인 위험에 처해 있음을 인정해야 하기 때문"이다.[15] '피해사를 군미'시키고, '꽁삭'을 통해 신보 신넝 선체가 분멀할 것이라는 김어준의 예언은 틀렸다. 진보 진영 전체가 분열한 게 아니라 진보 진영 내 '여성들'이 분열했던 것이다. 안희정은 시민 사회 운동과 꽤 가까운 거리에 있는 정치인이었고, 성 평등과 다양성에 대해 그 어떤 정치인보다도 앞선 의견을 표명해 왔다. 주변의 많은 페미니스트들이 정치인 안희정에게 기대감을 품고 있었다. 그래서였을까. 곳곳에서 여성들끼리 첨예한 입장 차이를 드러내며 싸움이 벌어지곤 했다.

시인 고은의 수십 년간 지속되어 온 성추행을 고발한 시인 최영미와 이를 보도한 신문사에 대한 명예훼손 소송에서, 소위 인권 변호사로 활약해 온 진보 진영 남성 변호사들은 최영미가 아니라 고은 편에 서서 10억짜리 손해배상 소송 변호를 맡았다. 남성들은 분열하지 않았다. 물론 소수의 진보 진영 남성들이 미투 국면에서 일관된 지지를 보여주었지만, 이들은 이미 그 남성 문화 '안'에 있던 사람들이 아니었다는 점에서, 즉 이미 선을 긋고 입장을 달리해 온 사람들이었다는 점에서 미투가 남성의 분열을 가져왔다고 볼 수는 없다. 다시 강조컨대 미투로 분열한 것은 여성들, 그중에서도 남성 중심 문화에 적응하면서 자신도 그 문화의 일부가 된 386세대 진보 여성들이었다. 이들 중 자신을 페미니스트라고 생각하는 이들도 꽤 있었고, 페미니스트로서 성인 여성이라면 자신의 행동에 책임져야 하는 것이 아니냐며 흥분하

---

15) 로빈 윌쇼, 《그것은 썸도 데이트도 섹스도 아니다》, 한국성폭력상담소 부설연구소 울림 옮김, 일다, 2015, 189~190쪽.

는 이도 있었다. 대체 저런 상황에서 어떤 행동이 책임지는 행동이라는 것일까? 직장을 그만두는 것? 아니면 즉각 피해 신고를 하는 것? 둘 다 아니다. 저런 말들은 애초에 이 사건을 성폭력으로 인정하지 않기 때문에, 피해자가 아니라고 생각하기 때문에 나올 수 있는 말이다.

　이들이 반복해서 하는 말은 "왜 이제 와서 피해자라고 하는가?"이다. 이들은 그동안 남성들과 동등한 동지로서 관계를 맺었다고 생각하기 때문에 피해자나 약자로서 여성을 주장하는 것이 시대착오적이거나 뒤떨어진 이야기라고 생각하는 경향이 있다. 나는 이것을 일종의 피해자 혐오, 약자 혐오의 정서라고 생각한다. 이 시대의 진보 '엘리트'들은 자신이 바로 약자거나 피해자가 아니라 전위로서 '민중'을 지도한다는 생각이 있다. 그렇기 때문에 이들은 안희정에게 성폭력을 '당한' 피해자 여성보다는 오히려 안희정을 '지키려고' 나선 부인에게 더 쉽게 동일시한 것은 아닐까.

　'여자 문제'라는 프레임에 담긴 또 다른 문제는 이 프레임이 이성애 남성의 성적 욕망을 그 자체로 정상적이고 자연스러운 것으로 승인하고 여성의 성적 욕망이 설 자리를 아예 불가능하게 만들었다는 데 있다. 남성의 세계에서 성적 욕망은 그 자체로 자연스러운 것으로 취급되어 '질문'의 대상이 되지 않는다. 반면 여성의 세계에서 섹슈얼리티는 욕망의 주체가 아니라 욕망의 대상으로만 의미를 지닌다. 1심 재판부는 피해자 김지은에게 "성조를 허용할 정도로 무서웠다면 (어떻게 다른 사안, 업무 관련해서는) 다시 질문도 하고 그랬냐?"라고 물었다. 여성의 섹슈얼리티를 동의 여부가 아니라 허용 여부와 관련된 문제로 생각한 것이다. 게다가 정조를 허용한다니. 이 말은 애초에 성립할 수가 없다. 정조(貞操)의 사전적 의미는 결혼 후에 배우자 이외의 사람과 성관계를 하지 않는 것이다. 그러면 정조를 물어야 할 대상은 안희정이다. 재판부는 안희정에게 물었어야 했다. 왜 결혼을 한 상태에서 정조를 지키지 않았는지, 왜 임면권자라는 권력을 직접 사용할 수 있는 관계에 있는 상대에게 여러 차례 간음을 시도했는지, 그런 시도 자체가 피해자의 노동 환경에 심각한 해악을 끼치며 피해자의 성적 자기결정권을 침해하는 행위라는 사실을 몰랐는지, 페미니스트이자 인권 옹호자로서 본인을 소개해 왔는데 권력에 대한 이해가 이렇게도 없을 수 있는지, 모든 여자들이 자신과 섹스를 원할 것이라고 생각하는지……. 하지만 1심 재판부는 안희정이 아니라 김지은에게 물었다. 당신처럼 고학력의 스마트한 여성이 어째서 성적 자기결정권을 행사하지 않았냐고. 하지만 김지은은 일관되게 진술했다. 네 번 모두 명시적으로 동의한 적이 없고, 거부 의사를 표현했으나 무시당했다고. 이것이 바로 성적 자기결정권을 행사하는 방법이 아닌가.

나가며

2018년 여름, 안희정 재판이 열리던 바로 그 시기에 또 다른 재판이 있었다. 이윤택 재판. 서울중앙지방법원에서 열린 이윤택 재판을 방청한 이들과 이야기를 나누다가 놀라운 공통점을 하나 알게 되었다. 기침. 안희정과 이윤택은 모두 기침을 했다. 그리고 그 기침소리가 들릴 때마다 피해자의 어깨가 긴장해 올라갔다. 이윤택 피해자와 안희정 피해자 모두 재판이 끝나고 나서 며칠을 앓아누웠는데, 그 기침소리가 계속 들린다고 했다. 또 한 가지 특기할 점은 가해자들은 신기하게도 피해자의 증언 때만 기침을 했다는 것이다. 기침 하나만으로도 입을 다물 수 있게 했던 그 위력의 체현(embodiment)을 무의식적으로 알고 있기 때문일까.

재판을 방청하면서 나는 가해자들과 그들의 지지자들의 생각을 세세하게 들어볼 수 있었다. 가해자의 증언에서 알게 된 내용은 대략 다음과 같았다. 상대가 나를 좋아했기 때문에, 나를 존경하기 때문에, 내가 상대의 커리어를 쥐고 있는 인사권자이자 그 판의 최고 권력자이기 때문에, 내 몸의 불편은 곧 사회적 문제이자 공적 이슈이기 때문에, 이 모든 이유들 때문에 사회 전체를 자기 몸의 확장으로 이해하고 타인을 도구화하는 데 완전히 익숙해진 어떤 인간형들에 대해, 그 인간형들이 어떻게 인간성 자체를, 우리가 인간으로서 공통하다는 민주주의 전제 자체를 오염시키고 있는지에 대해 알게 되었다.

한나 아렌트는 악의 평범성에 대해 말하며 "악에는 깊이가 없다."고 말한 바 있다.[16] 안희정이 1심 재판의 마지막 진술에서 보인 태도를 지금도 곰곰이 다시 떠올려본다. 그 달변가가 갑작스럽게 말을 제대로 하지 못하고 재판정에서 그저 순진한 얼굴로 "국민 여러분께 사과"하던 그 태도는 대체 무엇이었을까. 그의 얼굴에는 자신에게 죄가 있다면 그저 '여자 문제'일 뿐이며, 이것은 남자라면 모두 이해할 만한 일이지 않느냐는 표정이 새겨져 있었다. 1심 재판에서 무죄가 선고되고 그가 법정 바깥으로 나오자, 그동안 재판정에서 볼 수 없었던 지지자들이 갑자기 수십 명 나타나더니 그를 에워싸고 지지한다며 연호했다. 그때 안희정이 지은 이상한 무표정을 나는 지금도 잊지 못한다.

16) 한나 아렌트, 《예루살렘의 아이히만 – 악의 평범성에 대한 보고서》, 김선욱 옮김, 한길사, 2006, 343~349쪽.

여성에 대한 폭력과
미투 운동

정희진 | 여러 대학과 기관에서 여성학과 글쓰기를 강의하고 있다. 《아주 친밀한 폭력》, 《성폭력을 다시 쓴다》 등 여성과 폭력, 인권에 관한 많은 글을 썼다. 메타 젠더와 학제 간 연구 방법, 융합 글쓰기에 관심을 가지고 연구하고 있다.

여성에 대한 폭력은 권력 관계의 부산물이 아니라 성별 위계 관계의 구조적인 토대로서, 남성 지배의 중요한 동인(動因)이다. 즉, 남성의 폭력은 그 자체로 독립적인 권력의 한 형태이다.[1]

아버지의 연장 그리고 '속삭임'

신사임당(申師任堂)처럼 여성의 이름에 '집 당(堂)'을 쓰는 것은 가부장제 문화를 상징한다. 여성은 남성이 머물고 남성이 소유한 집이라는 뜻이다. 여성의 성기를 뜻하는 영어 '버자이너(vagina)'의 어원도 '칼집'이다. 칼이 무엇이겠는가. 한국어 '질(膣)'에도 '방(室)'이 들어간다. 이승만을 짝사랑했던 초대 상공부 장관이자 중앙대학교 설립자인 임영신의 호는 아예 승당(承

---

1) Theweleit, Klaus, *Male Fantasies*, Volume 1. *Women Floods Bodies History*, translated by Conway Stephen, University of Minnesota Press, 1987.

堂)이었다.

오랜 가부장제 문화에서 여성은 독립된 주체가 아니라 남성의 공간, 소유물로 여겨져 왔다. 현대에도 남성이 자기 집에 방화하는 것은 중죄로 다루어지지만, 아내를 구타하다 살해하는 것은 우발적 행위('과실치사')로 여겨진다. 여성은 집보다 가치 없는 존재인 것이다. 가부장제 사회에서 여성의 몸은 공간에 비유되고, 실제 공간으로 사용된다. 이때 남성이 여성의 몸을 '만지고 부수고 들어가는' 행위는 사회가 인정한 성 역할 규범(남성의 권리)으로 여겨진다.

2018년 봄부터 지속되고 있는 한국 사회의 미투(Me Too) 운동은 주목할 만한 현상임에 틀림없다. 여성에 대한 폭력(violence against women)[2]은 수천 년간 인류의 유산이었다. 그런데 왜 그동안은 피해자가 말하지 못했을까. 진보 진영을 중심으로 살펴보면, 1987년 '민주화 운동' 때도 미투가 있었고 최근 '촛불 혁명' 때도 있었다. 하지만 "사소한 일로 대의를 그르친다", "나중에 해결하자"는 것이 공론이었다. 심지어 피해자나 그들과 연대

---

2) 한국 사회에는 젠더나 페미니즘 관련한 용어가 합의되어 있지 않다. 남성과 여성, 문화와 법 제도, 여론과 미디어, 여성주의자 사이에도 개념 사용에 차이가 있다. 이는 페미니즘이 '외래어'라서가 아니다. 사회적 인식 부족으로 인해 다른 분야에 비해 논쟁의 영역에서 중요하게 다루어지지 않았기 때문이다. 따라서 이 글에서는 최대한 '공용어'를 사용하되 영문 표기를 병행한다. 예를 들어 여성에 대한 폭력을 줄여서 젠더 폭력이라고도 하고 여성 폭력이라고도 한다. 하지만 성폭력은 'rape'일 수도 있고, 'sexual violence'일 수도 있다. 성폭력을 강간으로만 한정하는 인식은 남성 성기 중심적 사고이기 때문이다.

하는 여성들은 '안기부 프락치'라고 비난받았다. 노무현 정권 시절 과거사 진상 규명 과정에서 5·18광주민주화운동 당시 계엄군이 저지른 성폭력이 비공식적으로 보고되었지만 공개되지 못하다가, 최근 미투의 영향으로 사실로 드러났고 국방부 장관의 사과로 이어졌다.

"아버지(master)의 연장으로 아버지의 집을 부술 수 없다." 오드리 로드(Audre Lorde)의 이 말은 삶을 갱신하고 싶은 모든 인간이 처한 조건일 것이다. 금지된 말, 상대가 알아듣지 못하는 말, 나를 억압하는 말 속에서 그 말들을 어떻게 부수고 새로운 언어로 말할 것인가. 자기 언어가 없는 사회적 약자에게 이것은 생존의 화두다. 나를 적대하는 세상에서 '어떻게 말할까, 어떻게 살아야 할까'는 일상의 고민이다. 여성의 말하기는 긴장과 협상의 연속이다. 많은 경우 모든 지력을 동반해야 하는 감정 노동이다.

언어가 젠더 혹은 권력의 산물이라는 말은 새삼스럽지 않다. 디아스포라 지식인 차학경의 《딕테》[3]나 정치철학자 이정화의 《중얼거림의 정치사상—요구되는 시선, 슬픔에게로 그리고 보이지 않는 것에게로》[4]처럼, 나도 기존 언어의 질서 자체를 질문하는 글을, 감히 쓰고 싶다. 분노가 몸을 범람하지만 현실적으

---

3) Theresa Hak Kyung Cha, *Dictee*, University of California Press, 2001.

4) 李静和, 《つぶやきの政治思想 — 求められるまなざし・かなしみへの, そして秘められたものへの》, 青土社, 1998.

로 말할 수 없는 수많은 경험, 말하면 더 고통받으리라는 절망, 남녀 불문하고 가해자가 빼앗아 간 나의 '선의'와 시간과 노동. 말할 수 없는 이야기가 몸에 쌓여 있기 때문에, 나는 그간 직간접적으로 겪었던 모든 부조리한 일들을 '다 쓰리라'는 망상에 잠시 흥분했다.

사실, 미투는 젠더 질서의 소립자일 뿐이다. 여성에 대한 폭력은 가부장제 사회의 기본 질서이다. 여성의 몸에 대한 남성의 통제가 없다면, 여성의 노동에 대한 남성과 국가의 착취가 없다면 사회는 제대로 기능하지 못한다. 가부장제 질서의 축도인 여성에 대한 폭력 구조를 해부하지 않으면—이미 벌어지고 있듯이—미투는 일시적 스캔들이거나 인간성을 의심케 하는 잔인하고 예외적인 뉴스로 치부될 것이다. 여성에 대한 폭력은 '끔찍하게 정상적인'[5]데, 사회는 이것을 비정상인 사람들의 일탈로 취급한다. 그래야만 하는 것이다. 남성 사회의 정상성을 유지하려면 여성의 정신 상태가 '이상'해야 한다. 여성들은 자신이 경험한 것과 들은 것 사이에서 분열하면서, '내 남자'에 대한 믿음을 잃지 말아야 한다. 하지만 데이트 폭력과 가정 폭력(아내에 대한 폭력)에서 보듯이 나를 지켜준다는 남자가 가장 위험하다. '멀쩡해

---

5) '끔찍하게 정상적인(Awful Normal)'은 2005년 제7회 서울국제여성영화제에서 상영된 다큐멘터리 제목이다. 영화는 셀레스타 데이비스 감독이 실제로 겪은 이야기를 다루고 있다. 당시 큰 화제를 모았다. 대개 이 영화를 '성폭력 피해 여성에게 용기를 주는 이야기'로 읽지만, 나는 가해자와 대면(對面)한다는 상황에 관심이 있었다. 정희진, 《혼자서 본 영화》, 교양인, 2018, 119~125쪽 참고.

보이는' 남성들이 그런 일을 저지르고, 나를 포함한 여성들은 인생의 많은 시간을 남성 문화의 덫에 걸려 분노와 자책의 시간을 보낸다. 미투는 여성이 자기 시간을 되찾기 위한 투쟁의 과정이다.

미투는 우리 인생의 한 부분일 '뿐이다'. 동시에 사람들이 생각하는 '폭로' 이면에는 수많은 숨죽인 속삭임이 웅얼거린다. 나는 요즘 스탈린 시대의 내밀한 이야기, 올랜도 파이지스(Orlando Figes)의《속삭이는 사회 ― 스탈린 시대 보통 사람들의 삶, 내면, 기억》을 자주 상기한다. 나는 '미투'에 동참하지 못했다. 나의 개인적 '미투'도 쓰지 못했다. 나는 미투 운동을 절실하게 지지한다. 그러나 그것이 얼마나 어려운지 알고 있다. 모두 '더럽고 지저분한 싸움'이며, 나의 경험을 인정받기가 거의 불가능하다는 사실을 잘 알고 있다. 그러니, 참는 것이다.

미투는 정당하다. 그러나 시비 여부가 완전히 투명할 수는 없다. 아니, 투명하다면 더 이상하다. 가해자도 피해자도 이 사회의 규범에서 완전히 벗어날 수 없기 때문이다. 우리는 협상할 수밖에 없다. 피해 여성은 모든 사실을 낱낱이 말하지 못한다. 게다가 마치 예전에, 아니 지금도 개인의 욕망을 민족의 대의로 포장하는 이들이 그랬듯이, 미투라는 대의를 내세우며 또 다른 부정의를 생산하는 여성, 여성주의자도 많다. '대의'와 '당장의 시급한 문제'를 앞세우는 문화가 또 다른 '미투'를 낳을 판이다. 나는 이들의 이름과 행위를 낱낱이 쓰고 싶다. 이들 중에는 남녀 불문하고 미투 운동을 자기 경력으로 삼으려는 사람들, 피해자가 너무 지친 나머지 말하기를 포기한 '운 좋은' 가해자들, 페미니즘이나 사회 운동을 '지나치게' 사적으로 이용하는 이들……한마디로, 뻔뻔한 것이 강한 것이고 뻔뻔하면 이긴다는 것을 경험한 이들이 지배하는 세상이다. 더 놀랄 일이 무엇인가.

'아버지의 연장'으로 쓰는 이 글은 이처럼 변명투성이다. 고통과 폭력 상황을 드러내고 공부하려면 일단 그것과 마주해야 하는데 그 과정이 쉽지 않다. 이를 통과한다 해도 또 다른 폭력과 싸워야 한다. 나는 아내에 대한 폭력과 인권의 성별화를 주제로 삼아 석사 논문을 썼다. 이후 단행본으로 출간되었는데, 17년이 지난 지금도 "과장 아니냐?"는 질문을 받는다. 당시 5년간 만났던 피해 여성들의 경험 중에서 가장 '경미한 사례'를 썼을 뿐인데도 말이다. 나는 여성에 대한 폭력을 공부하지만, 폭력 '근절'을 위해 싸우기보다 그 현실을 말할 수 없는 또 다른 현실과 싸워 왔다.

아버지의 연장으로는 아버지의 집을 부술 수 없지만, 그렇다고 지금 나에게는 다른 도구도 없다. 이 글은 객관적인 글도, '여성주의적' 글도 아니다. 만일 이 글에 효용이 있다면 여성이 자기 (피해) 경험을 말하는 행위가 가부장제 사회에서 어떤 대가를 치러야 하는 일인지 보여주는 것이리라. 그리고 이를 통해 여성이 아니라 우리 사회의 모습을 숙고하는 일이 되리라. 한국 사회는 여성의 현실과 직면해야 하고, 여성은 한국 사회와 직면해야 한다.

덧붙여 "한국 여성의 지위가 향상되었다"는 주장에 대해, 진부한 방식이긴 하지만 다음의 간단한 통계를 소개한다. 2018년 2월 고용노동부가 밝힌 바에 따르면, 한국 남성들의 가사 분담 시간이 하루 45분에 불과해 경제협력개발기구(OECD) 회원국 중 최하위 수준으로 나타났다. 통계가 잡힌 국가들 가운데 유일하게 한 시간이 안 되었다. 한국 남성의 1일 평균 가사 노동 시간 45분은 남성의 가사 참여가 가장 활발한 곳으로 조사된 덴마크(186분)의 4분의 1에 불과했다. 반면 한국 여성의 가사 노동 시간은 남성의 5배가 넘는 227분이었다.[6] 한편, 한국 남성 근로자의 임금을 100만원으로 가정하면, 여성은 약 63만이었다. 이 같은 남녀 간 임금 격차는 OECD 회원국 가운데 가장 컸다. 또 여성 근로자 10명 중 4명은 저임금에 시달리는 것으로 나타났다.[7]

범죄 신고가 혁명인 사회

'미투 혁명'. 최근 한국 사회에서 벌어지고 있는 미투 운동에 '혁명'보다 더 정확한 명명은 없을 것이다. 모든 혁명은 미완이라는 의미에서, 곳곳에 반동이 매복하고 있다는 의미에서, 사회

---

6) "집안일 외면하는 남편… 맞벌이 포기하는 아내", 〈세계일보〉, 2018년 2월 22일자 (인터넷판). http://www.segye.com/newsView/20180221000652
7) "한국 남성 100만 원 받을 때 여성은 63만 원 받아… 남녀 임금 격차 OECD 최고", 〈중앙일보〉, 2017년 7월 4일자.

구성원에게 충격과 격세지감을 안겨주었다는 면에서, 혼란 속에서는 늘 장사꾼과 '밀정'이 활보한다는 의미에서…… 모두 그렇다. 준비된 혁명은 없다. 언어도 제도도 구비되지 않은 혁명, 대안 없는 혁명, 매번 실패하기 때문에 반복될 수밖에 없다는 점에서도 미투는, 혁명이 분명하다.

상식적으로 생각하면 법치국가에서 미투는 비상식적인 운동이다. 성폭력(rape)과 성적 괴롭힘/학대/추행(sexual harassment)은 모두 법에 명시된 명백한 불법 행위다. 거듭 말하지만, 미투는 범죄 신고 '캠페인'일 뿐이다. 절도나 사기 피해를 당하면 (귀찮아서 안 하는 경우가 많지만) 경찰에 신고하는 것이 상식이고, 시민은 신고할 의무가 있다. 그러나 한국 사회에서 여성이 섹슈얼리티와 관련된 피해 사실을 말하려면, 인생을 걸거나 커리어와 평판을 버릴 각오를 해야 한다. 신고율도, 기소율도, 유죄 판결도 모두 낮다. 성폭력 가해자의 80% 이상이 아는 사람이라는 현실도 피해 여성의 신고를 막는 걸림돌 중 하나이다.[8]

이러한 상황에서 2016년 강남역 살인 사건 이후 '한남의 갑질'을 더는 참을 수 없게 된 여성들이 많아졌다. 여성 의식의 고양 외에도 다양한 사회적 인프라와 구조적 요인이 작용했다. 가장 큰 원인은 아마도 페미니즘의 대중화라고 '불리는' 현상일 것이다. 신자유주의 문화는 여성의 존재를 성 역할로만 환원했던 과

8) 한국성폭력상담소, 《2017년 한국성폭력상담소 상담통계 및 상담 동향분석 자료》 (미간행), 2018.

거 사회와 달리, 여성의 생존 방식의 하나로 여성의 개인화를 허용했다. 각자도생의 생존 원리에 가부장제는 방해 요인이기 때문이다. 신자유주의가 가부장제를 잠시 이긴 셈이다. 그리고 이러한 개인화는 페미니즘 대중화의 물적 기반이 되었다. 미투는 페미니즘 대중화의 영향이 낳은 결과라 할 수 있다.

또한 소셜 미디어의 발달로 인해 많은 여성들이 기존의 성별 정보 격차(digital divide)를 '극복'하고 어느 정도 디지털 시민권(digital natives)을 누리는 것이 가능해졌다. 미디어를 통한 '직접 민주주의'는 신고해봤자인 사법 기관을 경유할 필요 없이, 숨겨진 범죄를 즉각 가시화했다.

가해자에 의해 좌우되는 쟁점들

현재 미투는 여성에 대한 폭력 실태 전체에서 보면, 신고의 내용과 형식이 전형화된 극히 일부 현상이 드러난 것이다. 다시 말해 지금 미투는 '유명한 가해자, 수많은 피해자, 문단 등 특정 커뮤니티의 관행, 미디어를 통한 폭로, 가해자의 사회적 지위와 권력이 피해자보다 압도적인 경우'이다. 이러한 상황은 미투의 대중화에 영향을 끼쳤지만 동시에 미투의 한계와 부정적인 측면 그리고 우리 사회가 반드시 짚고 넘어가야 할 쟁점을 드러냈다.

미투의 한계는 거의 모두 가해자의 지위와 관련되어 있다. 피해 여성이 가해 남성보다 사회적 지위가 높은 경우는 신고든 폭로든 드물다. 원칙적으로 모든 범죄는 피해자나 가해자의 사회적 위치와 무관하게 법리 그대로 다루어져야 한다. 그러나 우리 사회는 그렇지 않다. 성폭력 범죄는 더욱 그렇다. 일단 성폭력은 대중이 상상하는 피해자의 모습과 이미지가 강력한 범죄다. 피해 여성은 무기력하고 순수해야 한다. 심지어 무지해야 한다. 똑똑하거나 자기 언어를 가져서는 안 된다. 이러한 고정 관념에서 벗어난 여성은 피해를 인정받기 어렵다.

한편, 가해(용의)자가 정치인이나 연예인일 경우, '무죄 추정의 원칙'이 적용되지 않는다. 남성 사회가 미투를 '마녀사냥', '여론 재판'이라고 반발하는 이유도 여기에 있다. 그래서 지금과 같이 사실(facts) 확인을 하지 않고 미디어를 통해 폭로하는 것은 근본적으로는 피해자, 가해자에게 모두 바람직하지 않다. (지금의 미투는 임시적 방법이다. 여성들이 자경단을 조직하지 않을 바에야, 어차피 남성 사회를 변화시키는 문화 운동과 사법 체계의 개선이 최선이다.) 이렇게 되면 가해자로 지목된 남성은 곧바로 여성을 명예 훼손으로 고소하고, 여성은 성폭력 피해자에서 무고죄의 피의자가 된다. 한국 사회에서 남성의 성폭력은 개인의 범죄가 아니라 윤리적 타락으로 여겨진다. 그래서 유명 인사의 경우, 판결이 나기 전에 명예가 훼손되었다는 분노가 크다. 이는 피해자의 잘못이 아닌데도 사회는 피해자의 신고 자체를 원인으로 본다. 여성의 수치심, 고통보다 남성의 명예, 앞길, 커리어가 더 중요시되기 때문이다.

물론, 지목된 가해자들은 언급과 논란만으로도 "끝난 인생"이라고 주장하지만, 실제는 전혀 그렇지 않다. 그들은 (외부에 알려진 것과 달리) 자신들의 커뮤니티에서 계속 활동하고 있는 반면, 피해 여성들은 경력이 단절되거나 무대에서 사라진다. 가해자들은 여전히 의기양양해하며 피해자를 역고소하고 있고 '피해자 코스프레'로 동정의 대상이 된다. 고은은 자신을 향해 미투를 한 여성에게 명예훼손으로 손해 배상을 청구해 소송이 진행 중이고, 김기덕은 여전히 활발하게 영화를 찍고 있다. 가해자로 지목된 배우들은 가족과 동료들의 성원을 업고 서서히 복귀를 준비하고 있다.

지난 1년간 우리 사회에서 터져 나온 미투는 연극계, 종교계, 스포츠 분야, 대학 등에서 조직, 공동체 중심으로 관행화된 문제가 폭발한 것이었다. 가해자는 제왕으로 군림하고 피해자는 지속적으로 '공급'되는 구조였다. 누가 믿을까 싶은 실태. 강간, 임신, 낙태로 이어지는 피해자가 초등학생인 경우도 적지 않다. 이 문제와 관련해서 많은 이들이 어느 분야에서 성폭력이 많이 발생하는지 궁금해한다. 이 역시 자세하게 해명되어야 할 문제다. 그러나 결론부터 말하면, 발생률은 은폐 구조와 해결 방식 때문에 차이가 날 뿐이지 특정 분야가 유난히 많거나 '깨끗하다'고 볼 수 없다. 유일한 인구학적 특징은 가해자가 남성이라는 사실뿐이다. 특별히 성범죄가 많이 일어나는 분야가 따로 있지는 않다는 뜻이다.

조직 내부에서 발생한 성폭력인 경우 여성들의 건강과 직업, 미래가 얼마나, 어떻게 타격을 입는지 그리고 그 후유증이 남은 인생에 어떻게 영향을 끼치는지는 이 글에서 따로 설명하지 않겠다. 문제는 이들조차 전체 피해자의 수에서 보면 극히 일부라는 것이다. 이윤택의 범죄는 끔찍하지만 대부분 여성들의 삶은 그와 무관하다. '일반 여성'은 대개 '일반 남성'에게 피해를 입는다. 그럴 경우 경찰에 신고하거나 신고를 포기하지, 지금과 같은 형태의 미투를 하지는 않는다. 평범한 '일반인'에게 피해를 당한 여성의 미투를 누가 보도하겠는가. 경찰서에서 제대로 처리만 해주어도 다행이다.

많은 사람들이 미투로 드러난 현실에 놀랐겠지만, 가해-피해 구조는 극히 일부분만 드러났을 뿐이다. 적절한 비유인지는 모르겠지만, 2004년 성매매특별법(성매매방지 및 피해자보호 등에 관한 법률, 성매매알선 등 행위의 처벌에 관한 법률) 시행 초기에 일부 남성들이 이 법이 자신의 행복추구권을 침해한다며 '불행감'에서 헌법 소원을 제기한 적이 있다. 사실 이들은 불행할 이유가 없었다. 법 제정 당시에는 물론이고, 지금도 성매매특별법이 규제할 수 있는 성매매는 전체 성 산업의 1~5% 사이다. 성매매의 다양성과 증식 속도는 현장에서 삼사십 년 일한 운동가들조차 파악할 수 없을 정도다.

여성이 겪는 성적 폭력은 비상시가 아니라 상시적인 일이다. 여성이라면 누구에게나 일어난다. 실제 규모는 누구도 알 수 없고, 인류 역사상 밝혀진 적도 없다. 빈발하지만, 숨겨진 범죄이다. 가장 큰 문제는 가해자와 피해자 모두 무엇이 성적 폭력인지 정확히 알지 못한다는 사실이다. 여성에 대한 폭력이 언어의 영역으로 들어온 지 채 오십 년도 되지 않았다. 다른 분야에서도 여성의 현실은 크게 다르지 않다. 인권 선진국으로 알려진 프랑스가 1944년에 여성의 참정권을 인정했다는 사실을 감안하면 놀라운 일도 아니다.

남성과 여성의 '자의성'은 같지 않다

미투 운동에 반발하는 남성들이 가장 흔히 하는 주장은 다음 두 가지다. "미투는 여성들의 자의적(自意的)인 해석에 따른 것이다, 이 문제가 남녀 대립 구도로 가서는 안 된다." 논의 구도 자체가 틀린 주장이다. 재현되는 모든 이야기는 자의적, 부분적 지식이다. 여성의 이야기를 자의적이라고 판단하는 이들의 인식과 판단 역시 자의적이다. "모든 이야기는 자의적이라 등위가 같다"는 의미가 아니다. 사회적 위치에 따른 자의성을 고려하는 적극적인 사유가 필요하다는 것이다. '갑'의 자의성과 '을'의 자의성이 어떻게 같을 수 있는가. 남녀 대립 구도? 인류 역사에서 단 한 번이라도 남녀가 대립한(동등한) 적이 있었던가.

여성주의는 누가 남성이고 누가 여성인가를 정하는 권력의 소재를 밝히는 사회 운동이다. 남성과 여성의 정체성 다툼에서 여성의 피해를 강조하는 사유가 아니다. 흑인과 백인은 대립하는가? 부자와 빈자는 대립하는가? 그렇다면 유토피아일 것이다. 억압과 피억압, 지배와 피지배, 착취와 피착취 구도를 '대립'이라는 중립적 언어로 표현하는 발상으로는 여성에 대한 폭력 문제를 이해할 수 없다.

'남녀 대립'은 차라리 희망 사항이다. 남녀가 대립하는 사회라면 '바바리우먼'도 있어야 하고 남성도 2백만 명쯤은 성 판매로 생계를 이어가야 한다. 여성에게 성폭력당하는 남성도 수시로 뉴스에 나와야 한다. '매 맞는 남편'은 평생 동안 폭력 아내의 손아귀에서 벗어나지 못해야 한다. 하지만 우리는 현실이 그렇지 않다는 것을 안다. 1970년대 서구의 급진 페미니스트들이 정의한 가부장제는 여성의 몸에 대한 남성의 접근권, 통제권을 의미했다. 그들은 모성(재생산), 인간의 성 활동(섹슈얼리티) 두 부분에서 여성의 몸은 남성(가족, 국가 등 남성 공동체)의 소유물이며 이것이 여성 억압의 본질(주요 모순)이라고 주장했다. 급진 페미니스트들의 이론은 환원론이라는 비판을 받지만, 여전히 현실이다.

현재 한국 사회의 미투는 거의 모든 조직에서 권력을 가진 남성이 여성의 몸에 행사해 온 무한 접근권(강간, 낙태, 추행, '구애'……)이 임계점을 넘어서 터진 것이다. 남성은 여성의 몸에 대한 '거리감', 즉 인권 의식이 희박하다. 남성의 몸과 여성의 몸에 대한 사회적 해석이 다르고, 상호 접근권에 대한 인식 자체가 극

단적으로 다른 상태에서 이제까지 남성들은 자신의 몸을 권력화
해 왔다. 가부장제 사회에서 남성의 몸은 여성에게는 그 자체로
무기가 된다. 이때 젠더 이외의 학력, 교양, 외모, 나이, 계급, 이
념, 지역, 인구학적, 개인적 차이는 작동하지 않는다. 성기 노출
범죄가 대표적이다. 물론 이 범죄의 가해자인 '바바리맨'이 아닌
남성이 절대다수다. 하지만 이들은 바바리맨으로 인해 상대적으
로 이득을 얻는다. 한국 사회에서는 정치 의식과 무관하게 '점잖
기만 해도', '신사'에 '매력적'인 남성이 된다.

인식론으로서 젠더의 지위

젠더(gender)는 대개 외국어가 그렇듯 한국어로 정확하게 번
역할 수 없다. 일본어에서는 소리 나는 그대로 표현한다. 장음
(長音)으로 처리하여 '젠다아(ジェンダー)'라고 표기한다. 생물학
적 성과 구별되는 사회적 성? 그런 논의 구도는 이미 지나갔다.
그렇게 구별하는 것 자체가 사회 제도의 산물이다. 젠더는 성별
(性別) 혹은 성차별(性差別)로 번역할 수 있으나 성의 구분이 모
두 성차별을 의미하는 것은 아니므로 나는 '성별 제도'라고 표
현한다.

1949년 출간된 시몬 드 보부아르(Simone de Beauvoir)의 《제
2의 성》에서부터 주디스 버틀러(Judith Butler)의 '정체성이 아닌
수행성(performance)'으로서 젠더에 이르기까지 사상가들의 입

장을 거칠게 요약하면 젠더는 다음 세 가지 차원에서 작동한다. 물론 이 세 가지는 서로 의존하며 연결되는 개념이다. 첫째는 우리에게 익숙한 남성다움/여성다움, 남성성/여성성, 성별, 성별 분업, 성차별이다. 차이가 차별을 만들어내는 것이 아니라, 권력이 만들어낸 차이로서 젠더다. 둘째는 계급, 인종과 함께 사회적 분석 범주(category)로서 젠더, 즉 사회 구성 요소(factor)이다. 프로이트는 젠더를 인간의 무의식으로부터 드러냈다. 젠더를 고려하지 않으면 인간과 사회(자연)를 제대로 이해할 수 없다. 우리 모두 젠더화된 세상에서 살고 있기 때문이다. 가부장제 밖의 세상은 없다. 셋째는 메타 젠더로서 '다른 목소리', 새로운 인식론으로서 젠더다. 젠더에 기반하되 젠더를 넘어서는 '대안'의 사유를 말한다. 젠더는 '여성 문제'가 아니라 인식론(episteme)이다.

그간 젠더는 한국 사회를 좌우해 왔지만 우리는 젠더에 대해 알지 못한다. 1990년대 이후 한국의 대통령 선거는 세 번이나 젠더에 의해 결정되었다(아들 병역 비리 문제로 인해 대선에서 두 번 패한 이회창과 '박정희의 딸'로서 박근혜). 하지만 아직도 나는 대선에서 젠더의 역할에 관한 연구를 보지 못했다. 젠더라는 말의 인식론적 지위가 낮은 사회는 사회 구성원들이 (남성, 여성으로서) 자신의 일차적 정체성, 위치성을 알지 못하는 사회다. 자신을 알지 못하는 사회처럼 위험한 사회는 없다. 이런 사회에서 미투는 반복될 것이다. 그것도, 진전 없는 반복이 지속될 것이다.

성폭력 문제에 대해 이야기하다 보면, 한국 사회에서 가장 부족한 인식이 젠더라는 것을 절감한다. 젠더는 독자적인 정치적 모순으로 여겨지지 않는다. 성폭력(gender based violence)은 한 남성의 소유물인 여성을 다른 남성이 훼손한 문제로 간주된다. 성폭력을 남성과 여성의 권력 관계가 아니라 남성과 남성의 권력 관계로 변질시키는 남성 사회의 전략은, 여성을 곤경에 빠뜨리는 젠더 체제의 핵심이다.

안희정, 이재명, 김경수 재판을 '대권 주자의 문제'로 접근하는 것이 대표적이다. 이들의 이슈는 같은 문제가 아니다. 안희정 사건은 독자적인 젠더 문제다. 이때 여성의 인권은 여전히 남성들 간의 이해관계에 의해 좌우되고, 여성은 개인이 아니라 가족 제도 등을 통해 어떤 남성과 연결되어 있는가에 따라 사회적 지위, 피해자로서 지위가 결정된다. 가부장제 사회는 남성이 여성의 가치를 정하는 사회다. 가부장제 사회에서는 남성들이 자신들의 이해에 따라 '보호해야 할 여성'과 '그렇지 않은 여성'을 구별할 수 있는 권력을 지니며 이를 통해 여성을 통제한다. 이것이 바로 '자매애'가 '남성 연대'를 이길 수 없는 이유다.

미투는 '할리우드'에서 '최근'에 시작된 것이 아니다. 한국 사회에서는 '일본군 위안부' 피해 회복 운동이 선구였고, 1991년 '송백권 사건'('김부남 사건')도 있었다. 아홉 살 때 이웃집 남성(송백권)으로부터 성폭력을 당한 후 20여 년이 지나 가해자를 살해한 김부남은 법정에서 "나는 사람이 아닌 짐승을 죽였어요."

라고 외쳤다. 이후 1993년 '서울대 신정휴 교수 성희롱 사건'('우조교 사건') 등 미투는 계속 있었다. 다만 2018년 한국에서처럼 이렇게 대중적으로 많은 이들이 참여한 일은 인류 역사상 어느 시공간에서도 벌어진 적이 없다. 일본에서는 좀처럼 일어날 것 같지 않았던 미투 운동이 후쿠다 준이치 재무성 사무차관의 여성 기자 성희롱 파문이 계기가 되어 "한국 여성들을 배우자"는 열기로 점화되고 있다. 한국이 여성 운동의 세계적인 모델이 된 셈이다.

범죄 신고가 혁명이 되고, '일반' 형사 사건 피해자들이 줄줄이 프라임 시간대 TV 뉴스에 나오는 이 범죄의 실체는 무엇인가. 전 국민의 절반이 잠재적 피해자인데도 '사소한 범죄', 거의 신고되지 않는 범죄, 피해의 규모를 계량할 수 없는 범죄, 범죄 발생 여부보다 '누가' 피해자인지 가해자인지가 더 쟁점이 되는 범죄, 형사 사건 피해자가 "변호사를 선임해야 되나요?"(변호사를 구해야 하는 사람은 가해자다)라고 묻는 사회. 이렇듯 죄명의 의미가 공유되지 못하고 문해(文解)되지 못하는 이유는 무엇인가. 하이브리드, 유비쿼터스 같은 영어는 쉽게 통용되는데 젠더나 페미니즘은 왜 그리 어려운가.

미투는 혁명적이지만 일상적인 차별을 계속 문제 제기할 수는 없는 노릇이다. 벌써부터 '지겹다'는 반응과 남성들의 반발이 심각하다. 미국의 인권 운동가 샬럿 번치(Charlotte Bunch)는 인권 단체나 정부가 여성의 인권 문제를 심각하게 다루지 않는 이유를 네 가지로 정리했다. 1) 성차별은 사소하거나 부차적인 문제, 또는 생존 문제 다음에야 제기할 수 있는 문제라는 인식, 2) 여성 학대는 문화적, 개인적 문제일 뿐 국가가 관심을 두어야 할 정치 적 사안이 아니라는 인식, 3) 여성의 권리가 인권 문제 그 자체 는 아니라는 인식, 4) 여성 문제는 불가피하거나 너무 만연한 문 제라서 노력해봐야 성과가 나지 않는다는 인식이다.

나는 이 글귀를 읽을 때마다 언제나 마지막 이유가 흥미롭다. 그러니까 남성 사회도 '너무 만연해서 해결이 안 되는 일'이라 는 사실을 안다는 이야기다. 하지만 정말 이렇게 인식한다면 무 엇인가 대책을 세워야 할 것이다. 장애인 차별 문제 역시 완전한 해결은 없지만, 우리는 대책을 세운다. 그러나 젠더 문제는 아예 인식이 없다. 이를 몰성적(gender blind)이라고 한다.

젠더 사회에서 '불가능한 미투'

여성에 대한 폭력은 젠더 질서에서 나온다. 그래서 피해자가 신문을 받는다. 내가 생각하는 가장 일상적이면서도 폭력적인 상황은 가해자(피의자)에게 해야 할 질문을 피해자에게 하는 경 우다. 성폭력 범죄가 그렇다. 조사를 가장한 피해자 비난, 피해 자에 대한 호기심, 통념에 근거한 여론 재판은 법적 심판 이전의 일상 문화다. 유아 성폭력이거나 피해자가 여러 명인 사건을 제 외하고는 피해자가 신문에 시달린다. 피해자는 목숨을 건 저항이 얼마나 단호하고 절절했는지, 특히 자신이 얼마나 피해자다웠는지 최대한 증명해야 한다.

나는 1991년부터 성폭력특별법(성폭력범죄의 처벌 및 피해자보호 등에 관한 법률)이 제정되고 개정되는 과정에 참여해 왔지만, 안희정 전 충남 도지사 사건을 보며 법정에서는 변화가 '없다'는 사실을 깨달았다. 27년이다. 게다가 2018년 봄 미투 운동이 들불처럼 일어났는데도 여전히 피해자의 동의와 저항에 관한 질문은 집요하다. 이제는 동의, 저항 여부 자체가 쟁점이 되어서는 안 된다고 생각한다. 가해자에게 질문하자. 절도나 사기 사건, 즉 다른 형사 사건의 피해자에게 성폭력 피해자만큼 질문하는가? 아니, 사건 발생을 증명하라고 요구하는가? 일단, 법정은 가해 용의자에게 질문하는 공간이다. 그러나 우리 사회는 성폭력 피해자에게 궁금한 것이 너무 많고, 무엇이든지 질문해도 된다는 권리 의식이 있는 듯하다.

내가 아는 어느 가정 폭력 피해자는 40년 동안 남편의 폭력에 시달리다가 환갑에 이르러 이혼 소송 중이다. 데이트 폭력이 시작이었다. 주변에서는 모두 결혼하면 나아진다, 아들을 낳으면 그만둘 것이다, 아이가 대학에 가면, 아이가 결혼하고 손자를 보면…… 결국 그녀는 스무 살에 만난 한 남성에게 평생 동안 구타당했다. 문제는 '고쳐진다'는 통념을 수용한 피해 여성이 남편의 폭력을 해결하기 위해 결혼을 서두르는 등 상황을 '주도'했다는 것이다. 그러나 법정에서는 통념과 반대되는 상황이 벌어졌다. 왜 때린 사람과 결혼했느냐, 왜 경찰에 신고를 안 했느냐, 얼마든지 탈출할 수 있었는데 왜 이제야 이혼하려고 하느냐, 혹시 다른 이유(돈, 남자……)가 생긴 것은 아니냐는 질문을 받았다.

피해 여성이 폭력 상황을 벗어나지 못하는 '이유'는 당사자마다 다르고, 제3자는 상상할 수 없을 정도로 다양하다. 그리고 피해자는 이 질문에 대답할 의무가 없다. 다른 방식의 접근이 필요하다. 사회 운동은 생각의 틀을 바꾸는 것이다. 성별 권력 관계는 더욱 그렇다. 가해자에게 질문하는 반(反)성폭력 운동을 제안한다.

우리는 가해자에게 물어야 한다. 왜 여성을 때렸습니까? 아내를 '교육시킨다'면서, 교육만 시키지 왜 죽였습니까? 안 때린다고 공증까지 했으면서 왜 또 때렸습니까? 술을 마셔서 때린 게 아니라 때리기 위해 술을 마신 거 아닌가요? 술을 마시고도 아내를 때리지 않는 남성이 훨씬 많습니다!

왜 비서에게 개인적인 심부름을 시키고 돈을 지불하지 않았습니까? 왜 안마를 요구했습니까? 왜 수시로 초과 노동을 시켰습니까? 왜 평소에는 여성 인권 운운했으면서 이중적인 태도를 보였습니까? 왜 자신의 성폭력 재판에 부인이 나왔죠? 본인이 생각하는 성폭력, 성관계, 사랑의 관계는 무엇입니까? 피해자와 사귀지도 않으면서 왜 불륜이라고 거짓말을 했습니까……

현재 한국 법정에서 권력 관계에서 발생한 성폭력과 관련한 질문 내용은 가해자의 시각에서 구성된 것이다. 위력 행사가 자연스럽다고 믿는 사회에서는 가해자의 행동이 궁금하지 않다. 대신 피해자의 대응이 의문시될 뿐이다. 피해와 피해 이후의 신문. 약자는 어떻게 살아야 하는가.

성폭력은 남성과 여성의 권력 관계에서 남성과 여성의 상호작용, 행위성(agency)과 관련된 범죄다. 여기에 나이, 계급, 외모, 인종, 지역 등 다양한 요소가 상호작용한다. 문제는 젠더가 워낙 '습속'이다 보니 불법과 합법, 규범과 폭력, 정상과 비정상의 연속선(continuum)에 있다는 점이다. 이 연속선상의 어느 지점에서 젠더를 문제화할 것인가는 그 사회의 역량, 개인의 문제 제기에 달려 있다. 물론 이 연속선은 남녀 개인적인 차원에만 적용되는 용어가 아니다. 여기서 일일이 분석할 수는 없지만, 이를테면 제주 4·3사건, 북미 관계, 세월호 사건 등 모든 사회 현상은 젠더 구조를 전제한다. 젠더 관점 없이는 온전한, '중립적' '객관적' 사회 분석이 불가능하다.

그 연속선은 다음과 같다. 번호가 높을수록 불법화의 가능성이 높다. 1) 성 역할 → 2) 성별화된 자원, 매력을 기반으로 한 이성애 → 3) 이성애 관계의 제도화, 가족 → 4) 성매매 → 5) 성폭력 → 6) 인신매매(강제 임신, 장기 적출). 인신매매는 제외하더라도, 이 연속선에서 자유로운 주체, 인생, 사회는 없다. 성 역할―이성애―결혼―성매매의 연속선 개념은 "신성한 결혼과 매춘을 동일시하다니"라는 논란을 불러일으키기 쉽지만, 연속선 개념을 사용하는 이유는 교환 법칙의 공통점 때문이다. 어느 관계에서나 남성의 자원은 돈, 지식, 지위 등 사회적인 것인 데 비해 여성의 자원은 외모와 성, 성 역할 행동(애교, '여우짓', 성애화된 인간관계……)이다.

노동의 성애화, 성의 매춘화가 가속화되는 사회에서 매력과 자원의 성별화 격차는 더욱 벌어진다. 남녀의 자원에 대한 사회적 평가, '유통기한', 교환 원리는 정반대다. 이것이 차별이다. 남성은 능력, 여성은 몸으로 간주되기 때문이다. 여성의 몸은 곧 성을 의미하지만 남성의 몸은 그렇지 않다. 남녀 간의 사랑은 근원적으로 정치적인 문제다. 불평등 교환이기 때문이다. 이 불평등 교환을 잘 이용하는 소수의 여성이 있기는 하다. 그러나 모든 여성이 성공하지는 못한다. 이유는 간단하다. 자원이 많은 남성 역시 소수이기 때문이다.

미투는 젠더의 연속선에서 발생하는 문제지만, 모든 성별 제도의 억압이 미투의 대상이 되지는 않으며 여성의 여성성은 자신이 원하든 그렇지 않든 자원으로 간주된다. 계급 간, 젠더 간 빈부 격차가 심해질수록 남성의 자아를 고양해주고 자신의 외모를 가꾸기 위해 최선을 다하는 여성들이(인구 대비 성형 건수 세계 1위의 기록을 보라) 많아진다. 그렇다면 여기서 미투의 주체(피해)와 대상(가해)은 누구인가? 성형 시술은 여성에게 피해인가, 스스로에 대한 가해(?)인가, 선택인가. 여성이 경험하는 젠더화된 삶은 여성에게 불리하지만, 모두 미투의 대상이 되지는 않는다는 이야기다.

가정 폭력은 왜 지금과 같은 형태의 미투가 일어나지 않는가. 물론 예전에 비해 피해자가 가정 폭력을 경찰에 신고하거나 이혼을 택하는 경우가 많아졌다. 하지만 "내가 남편에게 맞았다"는 고발이 트위터에 올라오거나 '뉴스룸'에 나오는 경우는 없으며, 있다고 해도 현재와 같은 상황으로 '진전'되지는 않을 것이다. 서지현 검사가 가정 폭력 피해자라면 미투가 가능했을까.

한편 불공정 거래로서 성매매(남성은 돈, 여성은 '몸')나 성 산업 현장에서 여성에 대한 폭력에 대한 미투는 왜 어려운가. 성 산업에 종사하는 여성이 남성 고객에게 죽도록 맞았다 해도, 이는 인권 이슈가 아니라 '자초한 일, 사소한 일, 예정된 일'로 다루어질 가능성이 높다. 왜일까.

남성 사회에서 여성이라는 이유로 당한다는 점에서 원인이 같은 폭력인데, 왜 어떤 것은 미투의 대상이 되고 어떤 것은 그렇지 않은가. 미투에 대해 어떤 사회적 각본이 있어서 폭력에 대한 우리의 인식과 상상력을 제한하는 것은 아닐까. 가령, 누구도 건드리지 못했던 할리우드의 거물 제작자 하비 와인스틴에게 앤젤리나 졸리, 귀네스 펠트로 같은 배우조차 당했고 이 여성들이 커리어가 쌓인 후, 혹은 용기를 내서 '괴물'의 오래된 범죄를 미디어를 통해 폭로하자, 이후 다른 여성들도 각자 공동체에서 "나도 그런 일을 겪었다"고 선언하고 여론은 "위드유(With You, 당신과 함께 하겠다)"를 외친다.

앞으로도 가정 폭력과 성매매는 미투의 대상이 되기 어려울 것이다. 이 두 가지 제도에는 여성들도 이해관계가 있으며, 특히 여성의 이분화 제도 — 가족('어머니')과 매춘('창녀') — 는 가부장제의 매트릭스(母型)이기 때문이다. 많은 이들이 이 두 제도는 피해자가 없다고 생각한다. 가족 제도와 성매매를 문제 제기하는 일은 가부장제 공동체 자체를 무너뜨리는 일이다. '좋게 말해' 미투는 시멘트를 뚫고 나온 씨앗이지만, 실상 그 씨앗은 특정한 곳에서만 나올 수 있다.

남성 사회가 선별하는 피해자

성폭력에 대한 남성 사회의 관심사는 피해자의 고통과 인권 침해, 심각성 등 피해자에 관한 것이 아니라 그 사건이 남성 사회에 얼마나 타격을 주는가이다. 가해자와 남성 사회의 이해관계 여부가 주요 관심사다. 회사나 노조, 학교, 문단 같은 조직에서도 가해자가 내부 권력자일 경우와 그렇지 않을 경우, 가해자가 남성 사회에 망신을 주는 경우와 아닌 경우 따위가 사건의 성격을 좌우한다.

여성 검사의 미투는 검찰의 망신이었기 때문에, 그 망신이 싫은 다른 남성들이 '나선 것이다'. 여성 검사가 가정 폭력 피해자라면 우리 사회는 관심이 없다. 가정 폭력은 집안일로 간주되기 때문이다. 가정 폭력을 당했다고 TV에 나와 폭로하는 선분식 여성도 드물 것이다. 아니, 그런 문제에 관심 있는 매체가 '없다'. 많은 경우 여성의 인권은 강남역 살인 사건처럼 아무 이유 없이 낯선 남성에게 살해당하거나 가정 폭력 피해 여성이 남편을 피해 다니다가 살해당해야만 가시화된다. 여성은 죽어야 사회적 성원권을 얻는다.

서지현 검사의 미투에 대해, 우리에게 익숙한 논리지만, 대표적인 남성 중심적 시각을 보여주는 한 칼럼을 보자. "우리 사회 권력 집단에 속한 피해자가 자기 삶을 걸고 방송에 나와 역시 최고의 담론 권력을 쥔 앵커와 마주보고 증언할 때라야 피해자의 목소리가 겨우 가닿는다."[9] 비슷한 시기〈한겨레〉그림판도 '검사 같은 전문직 여성이 아닌 비정규직 여성들이 당하는 현실'에 대해 실었다.[10]

검사가 나섰으니 다루어졌지 가난하고 사회적 지위가 낮은 여성이 호소했다면 관심을 가지지 않았을 것이라는 얘기다. 이런 '자조'는 많은 이들이 공감하는 그럴듯한 논리다. 그러나 이는 여성에 대한 폭력을 젠더 문제라기보다는 계급 문제로 접근해 잠재적 피해자인 여성들을 '분열'시키는 방식이다. 여기서 핵심은 '자원이 없는 여성은 더 당한다'가 아니다. 서지현 검사도 수많은 악플과 비난에 시달렸다.

문제는 이 칼럼의 필자와 만평 작가가 젠더 이슈에 접근하는

9) 은유, "페미니스트보다 무서운 것"〈한겨레〉, 2018년 2월 3일자.
10) "2월 1일 한겨레 그림판",〈한겨레〉, 2018년 2월 1일자.

방식이다. 이런 식의 문제 제기는 사회적 지위가 낮은 여성의 대변자로 자처하면서, 자신을 '가장 올바른 입장'에 놓는 것이다. 가장 지위가 낮은 약자의 포지션, 최전선의 비판, 가장 급진적인 언설, 가장 나중에 말하기 방식으로 가장 올바른 입장을 선점한다. 예전에 'B급 좌파'를 자처한 남성을 비롯하여 한국 사회 운동에는 이런 식의 글쓰기가 만연해 있다. 이런 재현 방식은 대개 비현실적인 '주장'과 '다짐' 혹은 겸손을 드러내며 끝난다.

난민을 예로 들어보자. 인간은 모두 '난민'일 수 있다. 그런데 어떤 집단은 난민을 혐오하고, 어떤 집단은 난민을 동정한다. 이 두 입장은 대립하는 듯 보이지만, 이들의 근본적인 욕망은 같다. "나는 난민이 아니며 내가 난민을 규정한다."는 것이다. 한국 사회에서 필요한 것은 '다른 목소리'지, '가장 올바른 목소리'가 아니다. 이 문제는 신자유주의 시대가 자기 도취의 문화를 기반으로 삼는다는 점에서, 앞으로 더 심각하게 다루어져야 할 말하기 방식이다.

서지현 검사의 미투는 다각도의 쟁점을 포함하고 있다. 앞서 말한 1) 대중이 국가보다 한 명의 여성 검사를 더 신뢰했다는 점, 2) 서 검사 미투 이후에도 대책 없는 검찰과 국가, 3) 특히 조직 내의 성폭력 피해를 문제 제기한 피해 여성에 대한 보복(서 검사의 경우 '좌천', 이런 조직에 무엇을 기대할 수 있겠는가), 4) 가정 폭력이나 성 산업에서 벌어지는 여성에 대한 폭력은 미투 대상이 되기 어렵나는 사실.

안희정 사건의 경우, 남편이 성폭력 용의자일 경우 가족의 등장, 특히 부인의 역할에 대해 많은 것을 생각하게 했다. 사실, 많은 경우 남성 파트너가 성폭력 범죄로 법정에 섰을 때, 어머니, 아내, 애인 등은 여성의 입장이 아니라 성 역할 담당자로서 그 가해자와의 관계 속에서 자신을 정체화한다. 안희정 부인은 판사의 제재를 받을 정도로 지나치게 개입하여 사건의 본질을 왜곡했다. 앞서 말한 대로, 남성이 성폭력 용의자가 되었을 때, 파트너(아내, 애인……)의 역할은 대단히 중요하다. 이런 경우처럼 '남성'이 '여성'을 효과적으로 이용하는 경우도 드물 것이다. 이 문제는 가해 용의자의 무죄 증명 때문이라기보다는, 매스컴의 소재가 되기 때문이다. 가해자의 파트너가 등장하는 순간부터 사건은 범죄가 아니라 가십이 되고, 피해자의 인권보다 가족의 가치가 강조된다. 힐러리 클린턴처럼 남편보다 '더 똑똑한 여성'이 나서서 문제를 해결한다. 이때 가해자의 아내는 '여성의 포용성, 현모양처의 인내심, 가부장제 가족의 수호자(사회의 수호자)'로 인식되고, 상대적으로 피해 여성은 그 반대 가치를 체현한 여성이 되어버린다.

흔히 말하는 '꽃뱀'은 결혼 제도 내에서 남성에게 봉사하지 않으면서 남성과의 관계에서 이익을 취하는 여성을 말한다. 물론 안희정 사건의 피해자는 그 반대였다. 노동 시장에서 경제 활동, 그것도 과도한 노동에 시달리는 독립적인 인간이었지만, 한 집안의 가장이 범한 성폭력을 신고함으로써 중산층 가족의 안정

이데올로기에 위협적인 존재로 인식되었다.

남성의 새로운 '성 역할'은 스스로에 대한 책임감

2017년 박주택, 배용제의 심각한 성폭력 사건(felony)이 줄줄이 폭로되자 여성 문인들이 중심이 되어 대책을 논의하던 무렵이었다. 나는 문단 내 성폭력 사건과 관련된 작은 모임에 토론자로 참석했고, 가해자를 비판하는 글을 쓴 이들과도 대화를 나눌 기회가 있었다. 그러나 그들의 노력에도 불구하고, 나는 그들이 여전히 '문단의 특수성(자율적 해결)', '일부 문인의 문제', '성폭력(=범죄)이 아닌 추문', '작가와 텍스트의 분리'를 지나치게 강조하고 있다는 느낌을 받았다. 이것은 말할 것도 없이 무지에 의한 방어 논리다. 진보 진영, 영화계, 종교계 성폭력 문제에서도 반복해서 들어온 이야기다.

나는 그곳에 모인 문인들에게 "여러분들은 성폭력을 모르는 것이 아니라 문학을 모르는 것"이라고 비판했다. 인간 활동의 모든 부분이 젠더화되었지만, 특히 문학은 말할 것도 없이 그 시조이다. 시학은 젠더의 시작이다. 여성이 문맹에서 벗어나기 시작한 것은 대중 교육이 시작된 근대 이후, 그야말로 최근의 일이다. 그전까지 여성에게 언어가 허락된 경우는 서양의 경우는 수녀, 동양의 경우는 '기생'이었다(때문에 서구의 초기 페미니스트 중에는 여성 신학자가 많았다). 모두 남성의 필요에 의한 것이었다.

남성들은 혼자서는 '풍류'도 안 되기 때문에 대화가 가능한 여성('기생')이 필요했다. 근대 이후, 여성이 언어를 갖기 시작하고 남성의 언어를 상대화하면서부터 인류(남성)의 역사에 균열이 가기 시작한 것이다.

우리가 젠더 사회에 살고 있다는 사실을 아는 것과 모르는 것은 결정적인 인식의 차이를 가져온다. 젠더는 '여자 문제'나 '여성 문제'가 아니라 사회적 모순이며 권력 관계다. 젠더를 이해할 때, 미투 운동의 위상도 가늠할 수 있다. 젠더 체제에서 여성에 대한 폭력의 의미를 고려할 때, 미투 운동은 너무나 갈 길이 먼 첫 걸음이자 동시에 엄청난 사건이다(실은 국가의 의지만 있으면 많은 부분이 해결되는 사안이기도 하지만, 무엇을 기대하겠는가.). 미투 운동은 젠더 폭력에 분명한 경고와 타격을 가했다. 게다가 미투 운동은 확실히 대중화되었다. 크고 작은 시행착오를 거치더라도, 여성들의 의식을 과거로 되돌릴 수는 없다. 명분, 법 제도, 현실의 요구에서 미투 운동은 결코 멈출 수 없는 사회 운동이다.

미투 운동은 더 광범위해지고, 더 섬세해지고, 더 강력한 문화 운동으로 발전할 것이다. 인류 문명 초기부터 여성에 대한 폭력과 여성 살해(femicide), 피점령 지역의 남성은 살해하고 여성은 강간하는 성별화된 제노사이드(genocide)는 여전히 계속되고 있기 때문이다. 우리 사회는 준비해야 한다. 남성들이 이처럼 작은 변화에도 모든 것을 빼앗긴 것처럼 분노하면 곤란하다. 사실, 남성들도 알고 있다. 미투가 계속되리라는 것을. 침묵은 깨졌다.

10대부터 노년에 이르기까지[11] 전 세대에 걸쳐 여성들은 젠더 체제에서 남성과 여성의 서로 다른 위치를 깨달아 가고 있다. 이러한 상황에서 혼란과 두려움을 느끼지 않을 남성이 얼마나 되겠는가. 나는 그들을 이해한다.

그러나 이 두려움과 분노는 사회 구성원으로서 남성 개인 스스로 해결해야 할 문제이다. "남성도 가부장제 구조의 희생자"라는 식의 언설은 남성을 자기 변화가 불가능한 미성숙한 존재로 인식하는 것이다. 공동체의 안전과 성숙을 위해 한국의 남성 문화, 한국 남성에게 가장 요구되는 덕목은 무엇일까. 한국 남성에게 국가 안보나 생계 부양의 책임을 요구하는 시대는 이제 지났다. 사실 역사상 한국 남성은 '보호자 남성'이라는 성 역할을 수행한 적이 없으며, 글로벌 자본주의 시대에는 그러고 싶어도 그럴 수 없다. 남녀와 상관없이 자신이 누구인지 모르는 인간들이 '나대는' 사회가 가장 위험하다. 그러니 이제 남성들도 '거울' 앞에 섰으면 한다. 자신을 보라. 자신을 알고, 남에게 폭력과 피해를 주지 말라.

남성에게 가부장제 사회의 피해자/가해자 프레임으로 접근하는 것은 소모적인 긴장을 유발할 뿐이다. 그들에게 요구되는 새로운 '성 역할'은 스스로를 책임지는 것이다. 남성 사회의 변화, 이것이 진정한 미투 혁명이다.

---

11) "미투 할머니 학교 '말 못하고 살았던 시간, 되풀이 말아야죠'", 〈한겨레〉, 2018년 12월 15일자.

춘향에겐
성적 자기결정권이
필요했다

한채윤 | '비온뒤무지개재단' 상임이사이며, 성적 자기결정권의 개념을 재구성하여 인권과 성교육 현장에서 사용하는 방법을 연구하고 있다.

들어가며

2018년 8월 14일, 서울서부지방법원 형사합의11부(조병구 부장판사)는 안희정 전 충청남도 도지사의 성폭력 사건을 다루는 1심 선고 공판에서 무죄를 선고했다. 재판부는 "피해자가 명시적인 동의 의사를 표명한 적이 없고 내심에는 반하는 상황이었다 하더라도 현재 우리나라의 성폭력 범죄 처벌 체계하에서는 피고인의 행위를 성폭력이라고 볼 수 없다."고 판결했다.[1] 이에 '안희정 성폭력 사건 공동대책위원회'[2]는 1심 판결이 '위력'과 '성적 자기결정권'에 대한 몰이해로 점철되었다고 비판했다.

시시비비를 공정하게 가리는 역할을 맡은 재판부가 중요한 법

1) 1심 판결문은 법원에서 비공개 결정을 하여 판결문을 공식적으로 인용할 수 없다. 하지만 판결문 낭독을 현장에서 직접 들은 기자들의 기록, 인권 단체들의 성명서 그리고 비공식적으로 판결문을 확인한 이들의 글을 종합하면 이렇게 요약할 수 있다.
2) '전국성폭력상담소협의회'를 비롯한 153개 단체로 구성되어 있다.

개념인 위력과 성적 자기결정권을 이해하지 못한다면 큰일이 아닐 수 없다. 어쩌면 재판부는 의도적인 '오용'이자 '악용'을 하고 있는 건지도 모른다. 그럴싸하게 훼손해서 아무도 그 개념을 제대로 쓰지 못하게 하려고.

연일 미투(Me Too)가 터지던 2018년 4월경 어느 변호사가 유명 보수 언론지에 칼럼 하나를 썼다. 법무법인의 대표이기도 한 그는 성적 자기결정권 개념에 원래 애매모호한 한계가 있다고 말하며 이렇게 덧붙였다. "자칫 잘못하면 성적 자기결정권을 보유하고 행사하는 사람의 입장에서 자신의 거부 의사 또는 거부 행동의 표현을 제대로 하지 않음으로써 상대방으로 하여금 오해하도록 하고, 무조건 성범죄로 처벌을 요구하는 경우에는 '성적 자기결정권'의 남용으로 보아야 할 것이다."[3] 사실상 안희정 재판부도 이런 식의 논리를 적용했다. 피해자에게 왜 정조를 지키려고 노력하지 않았는지, 고학력 엘리트 여성인데도 왜 성적 자기결정권을 행사하지 않았는지 질문했다. 피해자가 스스로 자신의 권리를 지키지 않아서 벌어진 일이므로 가해 행위는 없었다고 판결한 것이다.

하지만 피해자는 바로 자신의 그 권리를 지키기 위해서 성폭력 사건을 고발한 것이 아닌가? 권리 개념의 핵심은 권리를 '행사'하는 것이 아니라 권리를 '존중'받는 것이 아닌가? 우리는 초

---

3) 김주덕, "애매모호한 성적 자기결정권의 범위와 한계", 〈조선일보〉, 2018년 4월 11일자.

등학교 때부터 배우지 않았는가, 타인의 권리를 침해하는 행위를 하지 말라고.

성폭력 사건에서 남용되는 것은 피해자의 성적 자기결정권이 아니라 오히려 변호사나 판사 등 법조인들의 무지, 오해, 뻔뻔함이 아닌지 의심스럽다. 성적 자기결정권은 법률에서뿐만 아니라 성교육 등에서도 널리 쓰이는 '개념'이지만 그 뜻이 정확히 알려지지도, 또 제대로 쓰이지도 않는 듯하다. 이 글은 이러한 문제의식에서 출발한다. 성적 자기결정권에 대한 분석과 논의의 범위는 넓지만, 여기서는 성폭력 범죄를 다룰 때 성적 자기결정권을 어떻게 이해해야 하는지에만 초점을 맞출 것이다. 논의의 이해를 돕기 위해 가장 유명한 한국 고전 소설인 《춘향전》으로 운을 떼보려 한다.

성춘향과 변학도에게 궁금한 두 가지

《춘향전》은 숙종 시대가 배경인 것으로 보아 18세기에 처음 창작되었을 것으로 추정된다. 한글본, 한문본, 국한문 혼용본이 함께 전해지며, 소설 외에도 판소리, 한시 등 다양한 형식으로 변용될 만큼 독자층의 폭이 넓었던 것으로 보인다. 시간이 흐르면서 기본 뼈대는 같지만 인물의 설정과 결말 등이 다른 이야기들이 계속 만들어져서 지금까지 발견된 것만 해도 120개에 달하는 이본(異本)이 있을 정도이다.

비단 조선 시대뿐만 아니다. 한국 최초의 발성 영화, 한국 최초의 창작 오페라, 한국 최초의 70밀리미터 영화, 한국 최초의 칸 영화제 경쟁 부문 출품작도 모두 《춘향전》이다. 영화, TV 드라마, 마당극, 창극, 뮤지컬, 연극 등으로 《춘향전》을 새롭게 재해석한 작품들이 지금도 계속 탄생하고 있다.

인기가 높다 보니 성춘향과 이몽룡을 실존 인물로 믿는 이들도 있다. 그러나 우리가 아는 소설의 설정대로라면 차라리 실화가 아닌 편이 낫다. 만약 18세기에 춘향이 전라북도 남원에 살았다면, 결국 부귀영화를 누리는 소설 속 주인공과는 달리 십중팔구 남원 부사의 생일날 목이 베여 죽었을 것이기 때문이다. 설사 가까스로 처형을 피했다고 해도 남은 생이 결코 순탄치는 않았을 것이다. 조선 후기의 학자 홍직필(洪直弼)이 남긴 개인 문집 《매산집(梅山集)》을 보면 알 수 있다. 《매산집》에는 강원도 영월에 살았던 경춘이라는 기생의 이야기가 실려 있다. 관기였던 경춘이 자신이 사랑했던 부사가 떠난 후 새로 부임해 온 신임 부사의 수청을 거부했는데, 그 요구가 너무 집요해서 결국 견디지 못하고 강에 뛰어들어 자결했다는 내용이다.[4] 그때 경춘은 춘향

---

4) 《기경춘전》은 1820년 홍직필이 영월을 유람하다가 경춘의 비문(碑文)을 보고 쓴 것이다. 경춘은 영월의 부사였던 이만회에게 사랑을 받았고 자신 역시 마음을 주었다. 이만회가 다른 곳으로 떠난 후 새로 온 부사가 경춘에게 수청을 들라고 강요했지만 경춘은 이를 거절했다. 부사는 처음에는 경춘을 좋은 말로 구슬렸으나 끝내 거부하자 심한 매질을 가했다. 결국 경춘은 다리에 피가 흘러내릴 지경이 되었고 더는 피하기 어렵다고 생각하여 강에 투신했다.

과 같은 열여섯 살이었다. 아마 춘향의 삶도 이와 다르지 않았을 것이다.

이몽룡 역시 소설처럼 1년 안에 장원 급제를 하고, 암행어사로 임명받아 남원으로 돌아오는 일은 없었을 것이다. 역사학자들에 따르면, 조선 시대 과거 시험은 매우 어려워서 소과와 대과를 모두 통과하는 데 보통 10년 정도가 걸렸고 합격자의 평균 나이도 서른 살이었다고 한다. 그러므로 춘향과 동갑이었던 열여섯 살의 이몽룡이 암행어사가 되어 나타나는 반전이 일어날 가능성은 거의 없다. 당시의 창작자들과 독자들은 이 사실을 잘 알고 있었을 터이니, 어쩌면 《춘향전》은 죽을 수밖에 없는 춘향을 상상 속에서나마 살리고픈 안타까운 마음으로 쓰인 것일지도 모른다.

《춘향전》에 대해 생각을 하다가 문득 의문이 생겼다.[5] 춘향은 대체 왜 그랬을까? 흔히 춘향이 이몽룡을 향한 정절을 지키기 위해 변학도의 수청을 거절했다고 말하는데, 정말 춘향에게 그 이유가 전부였을까? 소위 이팔청춘이라고 불리는, 아직 살날이 많이 남은 춘향은 정녕 자기 목숨이 아깝지 않았을까? 자신

---

5) 필자는 2006년에 처음 성적 자기결정권을 《춘향전》으로 설명하는 시도를 했다. 《여성주의 학교 '간다'》(한국여성민우회 엮음, 지성사, 2018)에 실린 〈여성주의 인식론, 섹슈얼리티─자기 결정의 철학〉에서도 일부분 다루기도 했다. 이와 비슷한 관점에서 권김현영은 《춘향전》을 열녀 담론에 중심을 두고 해석한 글을 발표한 바 있다. 권김현영, 〈한국의 섬 문화와 섬담론〉《한국양성평등진흥교육원 기본과정 자료집》(미간행), 2016.

이 죽고 나면 홀로 남을 어머니가 불쌍하고 걱정되지 않았을까? 설사 협상이 실패하더라도 일단은 변학도를 어르고 달래며 살길을 도모할 수 있지 않았을까? 그런데 소설 속 춘향의 행동을 보면 마치 죽기로 작정한 사람처럼 한 치도 물러서지 않는다. 오히려 변학도의 심기를 불편하게 할 말들만 골라서 꼬박꼬박 대꾸한다. 아무리 상대가 싫다고 해도 자기 목숨을 던질 만큼 싫을 수 있을까? 사형당하기 전날 거지꼴로 나타난 이몽룡을 보고도 마음을 바꾸지 않은 것을 보면 혹여나 이몽룡이 자신을 살려주지 않을까 하는 기대로 버틴 것도 아니다. 그렇다면 대체 춘향은 왜 조금도 살길을 도모하지 않았을까?

춘향만큼 이해가 안 되는 인물이 또 있다. 바로 변학도다. 남원으로 발령을 받아 부임지로 향하는 변학도의 모습을 보면, 춘향을 만날 수 있다는 기대로 이미 엉덩이가 들썩이고 있다. 그는 춘향이라는 기생이 절세미인이라는 소문을 들은 상태였다. 그래서 관아에 도착해 자리에 앉자마자 이방에게 당장 춘향이부터 대령하라고 호통을 친다. 억지로 끌려 나온 춘향을 보고 소문이 거짓이 아니었음을 확인한 변학도는 수청을 들라고 명한다. 하지만 춘향은 거부한다. 애가 달아 있던 변학도로서는 춘향의 태도가 좀 어이없긴 했을 것이다. 춘향의 마음을 돌리기 위해 이몽룡보다 자기가 더 낫다고 과시할 수도 있고, 금은보화로 환심을 사려고 할 수도 있다. 혹은 힘을 써서 억지로 끌어안을 수도 있었다. 그런데 변학도는 아무 짓도 하지 않는다. 곧바로 춘향을

형틀에 매어 고문을 하고 옥에 가둘 뿐만 아니라 자신의 생일날
에 목을 쳐서 죽이려고 한다. 온갖 폭력을 행사하지만 그 과정에
서 자신의 욕구를 채우기 위해 강제로 춘향의 손을 잡는 일조차
하지 않는다. 그는 대체 왜 그랬을까?

춘향은 이몽룡을 너무 사랑했기에 순결을 지키지 못할 바에
야 죽는 게 낫다고 생각했던 것일까? 변학도는 자기가 갖지 못
할 바에야 춘향을 죽이는 게 낫다고 생각했던 것일까? 춘향이
자발적으로 자신을 선택하지 않으니 남자로서 자존심이 상했던
것일까?

춘향이 지키려 한 건 정조가 아니다

당사자에게 직접 물어볼 방법은 없으므로 우리는 궁금증을
해결하기 위해 《춘향전》을 자세히 들여다 볼 수밖에 없다.

흔히 《춘향전》은 신분의 차이를 뛰어넘은 지고지순한 사랑 이
야기로 다뤄진다. 고난을 극복하고 정조를 지킨 여성은 '신분 상
승'이라는 보상을 얻고, 감히 여인의 정조를 건드린 나쁜 놈은
'벌'을 받는다는 권선징악을 주제로 삼은 소설로 이해한다. 하
지만 곰곰이 생각해보면 온몸에 매질을 당하고, 목에 칼이 씌워
져 서지도 눕지도 못한 채 감옥 안에 갇혀 지내며 고문을 견디
는 상황을 '순결한 여인의 사랑'으로 치부하는 것은 어딘가 이상
하다. 사랑은 위대하다지만 우리가 춘향의 삶을 연애 중심으로

만 보는 건 아닐까. 사랑 외에도 반드시 꼭 지키고 싶은 어떤 것이 춘향에게도 따로 있었던 건 아닐까.

《춘향전》을 찬찬히 분석해보면, 춘향은 백마 탄 젊은 왕자님을 기다리는 순진하고 꿈 많은 소녀가 아니라는 것을 알 수 있다. 처음 방자가 이몽룡의 명령을 받아 춘향을 데리러 가는 장면을 보자. 방자가 사또 자제께서 보자고 하신다며 짐짓 힘을 과시하려 할 때, 춘향은 여염집 처자를 함부로 오라 가라 할 수는 없다는 명분으로 거절한다. 결국 방자가 하소연하며 매달리자 어쩔 수 없이 광한루에 가지만, 진지하게 사귀어보자는 이몽룡의 제안도 단칼에 거절한다. 춘향은 자신은 첩으로 살 생각이 없으며, 더군다나 언젠가는 몽룡이 아버지를 따라 한양으로 갈 텐데, 그렇게 되면 결국 자신은 '개밥에 도토리' 신세가 될 것이라는 이유를 든다.

이몽룡이 그런 일은 절대 없을 거라며 온갖 다짐을 늘어놓자, 춘향은 말보다 글이 더 오래 남는 법이니 '각서'를 써달라고 요구한다. 이몽룡은 그 자리에서 불망기(不忘記)를 써준다. "나는 춘향과 백년가약을 맺었으며 이를 어길 시에는 이 문서를 들고 관청에 가서 나를 고발하라." 춘향은 그 문서를 받아 품에 잘 챙긴 다음에야 이몽룡에게 "우리가 사귀는 것을 사또가 알면 죽을 수도 있으니 반드시 비밀을 지켜야 한다."고 당부한다. 그리고 자신의 어머니인 월매의 허락을 받아 오라고 청한 뒤, 그날 밤 동침을 실행한다.

이 모든 에피소드를 종합해보면, 익히 영화나 드라마에서 그려진 것과 달리 춘향은 이몽룡에게 첫눈에 반해 사랑에 빠진 여인이 아니다. 한번 맺은 언약이 영원할 것이라 믿는 순진한 여인도 아니다. 현직 사또의 자제와 사귀는 데 어떤 위험과 이익이 따르는지 바로 파악할 만큼 현명하고, 정식 혼례를 올리지 않고 합방을 실행할 만큼 과감하며, 동시에 자신이 어떻게 처신해야 뒤탈이 생기지 않을지까지 치밀하게 살펴보는 냉철한 인물이다.

조선은 종모법(從母法)에 따라 어머니가 기생이면 딸도 무조건 기생으로 살아야 하는 사회였다. 하지만 소설 속의 춘향은 '대비정속(代婢定屬)'을 하여 신분을 양민으로 바꾼다. 기생이 자신을 대신할 노비와 일정 정도의 재물을 관아에 바쳐서 기적(妓籍, 관기의 이름을 적은 장부)에서 이름을 빼는 것을 대비정속이라고 하는데, 이 제도는 조선 초기에 잠깐 있었다. 소설의 배경인 18세기에는 공식적으로는 이미 폐지된 제도였지만, 조선 시대 내내 비공식적 관행으로 이어졌다. 이런 까닭에 춘향의 대비정속은 안정적이지 않았다. 변학도 같은 인물에 의해 언제든 부정당할 가능성이 있음을 알았던 춘향은 어떤 일이 있어도 다시는 기생으로 돌아가지 않겠다고 어릴 때부터 굳게 다짐했던 건 아닐까. 이몽룡이 사귀자고 했을 때 짐짓 첩이 될 생각이 없다고 말했지만, 그것은 몽룡을 떠보기 위해서 한 말이고 사실은 빨리 양반의 첩이라도 되는 것이 춘향에게는 최선이었을 것이다. 이렇게 보면 춘향이 왜 공개할 수 없는 연애시만 하기도 했는지,

군이 불망기를 받아냈는지가 어느 정도 설명된다.[6]

이는 변학도가 부임해서 아전들을 불러 춘향을 빨리 데려오라고 했을 때, 이방이 전임 사또의 자제와 이미 백년가약을 맺은지라 춘향은 기생이 아니라고 말하는 대목에서도 알 수 있다. 이방의 말은 이몽룡의 부친이 한양으로 올라간 뒤에 춘향이 온 마을 사람들이 다 알도록 적극적으로 소문을 냈다는 것을 추측하게 한다.

어쩌면 춘향이 목숨을 걸면서까지 지키고 싶었던 것은 자신이 어릴 때부터 꿈꾸고 결심했던 삶이 아닐까. 사회가 정해놓은 '정조'가 아니라 신분의 귀천에 얽매이지 않는 자신만의 '정체성'을 지키고 싶었던 것이 아닐까. 자신이 아닌 채로 사는 것은 살아도 죽은 것과 다를 바 없기에, 죽어서라도 자신답게 살기를 원했던 것이 아닐까.

변학도는 성욕을 채우지 못해 화가 난 것이 아니다

이번에는 변학도를 살펴보자. 우리는 흔히 남자라면 무릇 미인을 좋아하고, 미인을 두고 남자들끼리 경쟁을 벌이며, 여자에게 거절당해서 자존심이 상하면 폭력을 써서라도 자기 것으로 만들려고 한다고 생각한다. 이런 관점으로 보면 《춘향전》은 미

----

6) 이몽룡은 한양에 올라가 양반가의 여성과 정식 혼인을 올리고 나면 춘향을 첩으로 불러 평생 함께하겠다는 약속을 하고 떠난다.

인을 두고 늙고 탐욕스러운 변학도와 젊고 정의로운 이몽룡이 싸워서 마침내 승자가 '여자'를 차지한 이야기가 된다. 그런데 이러한 시각은 변학도의 행동에도 그럴싸한 구실을 제공한다. 변학도는 하필 일하러 간 곳에 너무 아름다운 여인이 있어서 그만 불운을 겪은 것이다. 남자로서, 남자답기 때문에 벌어진 일인 것이다.

변학도와 춘향이 만나는 첫 장면을 다시 보자. 일단 변학도는 춘향을 기생이라고 믿어 의심치 않는다. 이방이 말려도 무조건 춘향을 데려오라고 명령한다. 춘향이 정절을 지키겠다고 말하자, 한양으로 간 이몽룡은 너를 하룻밤 불장난 정도로 여기고 돌아오지 않을 것이 뻔한데 그걸 믿고 기다리다니 어리석다며 코웃음을 친다. 변학도는 처음에는 좋은 말로 자신의 수청을 들라고 명한다. 나름대로는 호의를 베풀었다. 그런데 뜻밖에도 춘향은 사마천의 《사기(史記)》에 나오는 유명한 문장을 읊으며 그의 명을 거부한다. "충신이라면 무릇 두 임금을 모시지 않는 법이고, 열녀라면 두 지아비를 두지 않습니다(忠臣不事二君 貞女不更二夫)."

사마천의 《사기》〈열전(列傳)〉을 보면 중국 전국 시대 제나라에 왕촉(王蠋)이라는 뛰어난 신하가 나온다. 연나라 장군이 제나라를 정복하고 왕촉에게 연나라의 신하가 되어줄 것을 제안하자 왕촉이 거절하면서 충신과 열녀의 도리를 언급한 것이다. 왕촉의 이 발언은 신하된 자의 올바른 자세를 일깨워주는 고사도

《소학(小學)》과 《명심보감(明心寶鑑)》 등에도 실려 있다. 결국 춘향은 변학도에게 '아녀자의 도리를 따르려고 하는 나를 꺾으려고 하는 걸 보니 너는 충신이 아니구나'라고 호통을 친 셈이다. 모든 아전들이 지켜보는 공개적인 자리에서 엄중한 비판을 한 셈이니, 변학도 입장에서는 체면이 구겨져 얼굴이 붉그락푸르락해질 수밖에 없었을 것이다.

잔뜩 화가 난 변학도는 "사또의 명령을 거부하는 것이 얼마나 큰 죄인지 아느냐?"고 겁을 준다. 이에 춘향은 "기혼녀를 겁탈하는 것은 죄가 아니고 무엇이냐?"고 받아친다. 마침내 변학도는 크게 분개하며 소리를 지른다. "저년을 매우 쳐라." 변학도가 이 순간에 얼마나 화가 났는지, 소설에서는 변학도의 "탕건이 벗겨지고 상투가 저절로 풀릴 지경"이라고 묘사한다. 이쯤 되면 우리는 눈치 챌 수 있다. 변학도의 관심사는 춘향과의 하룻밤에 있지 않았다. 만약 그러했다면 계속 도도하게 거부하기만 하는 춘향을 회유하려고 좋아할 만한 것들을 제시하며 마음을 사려하거나 다른 불이익을 가하겠다고 협박하는 방법을 택했을 것이다. 하지만 변학도에게는 그럴 만한 여유가 없었다. 춘향의 말에서 위기감을 느꼈을 것이다. 만약 춘향이 정말 기생이 아니라면, 춘향의 주장대로 기혼녀를 억지로 관아에 끌고 온 것이 된다면, 이는 자신의 관직이 박탈될 정도로 위험한 상황이 아닐 수 없기 때문이다.

변학도는 자신의 안위를 지키기 위해서 공권력을 활용했다.

'불복종'이란 죄명으로 춘향을 때리고 감금했으며, 자신의 생일을 핑계 삼아 주변 고을의 부사들과 마을 사람들 앞에서 공개적으로 처형하려고 했다. 관청의 기강을 세우기 위한 합법적인 처벌로 꾸며 춘향의 신분을 관기로 고정하려 한 것이다. 이렇게 깔끔하게 처리해야 후환을 막을 수 있다고 생각했을 것이다.

정조로는 아무도 구할 수 없다

변학도와 춘향이 대립하는 갈등의 핵심은 '정조'가 아니다. 춘향은 자신의 정체성을 지키려 했고, 변학도는 자신의 직위를 지키려 했다. 다만 춘향은 자신이 기생이 아님을 강조하기 위해 '지아비가 있는 여성의 정조'를 강조했다. 그럴 수밖에 없었다. 여성의 사회적 지위가 매우 낮은 강력한 가부장제 사회에서는 여성의 지위가 지아비로 판단되기 때문이다.

《춘향전》을 더 깊이 있게 이해하기 위해 몇 가지 상상을 더 해 볼 수 있다. 첫 번째 상상은 이러하다. 만약 이몽룡이 암행어사가 아니라 과거 시험을 준비하는 한낱 서생으로 남원에 돌아왔다면 어떻게 되었을까? 죽을 위기에 놓인 춘향을 구하기 위해 사또의 생일잔치에 뛰어들어가 "여기, 지아비가 왔소이다. 그러니 춘향이를 풀어주시오."라고 말할 수 있었을까? 그러면 변학도가 미안하다며 순순히 춘향을 풀어줬을까? 그럴 가능성은 없다. 앞서 설명한 대로 변학도에게 춘향은 무조건 기생이어야만

하니까.

아마 이몽룡은 사또에게 심하게 대들다 관졸들에게 두들겨
맞은 채 쫓겨나고 춘향은 그날로 처형을 당했으리라. 이몽룡은
맞아서 다친 상처가 덧나고, 슬픔이 너무 커서 시름시름 앓다 피
를 토하고 죽었으리라. 마을 사람들은 이 두 연인이 불쌍하여
양지바른 녘에 함께 묻어주었으리라. 신기하게도 그 무덤가에서
는 봄마다 이름 모를 꽃이 피어나는데 이를 두고 마을 사람들은
'춘향화'라는 이름을 붙여주었으리라. 어쩌면 우리는 소설이 아
니라 남원 지역에 전해 내려오는 슬픈 전설로 춘향전을 만났을
지도 모른다.

두 번째 상상을 해보자. 만약 춘향이 처형되기 직전에 이몽룡
이 아닌 다른 암행어사가 나타나 탐관오리를 벌하는 상황이라
면 어땠을까? 이에 대한 답 역시 그리 어렵지 않다. 《춘향전》의
마지막 장면에 힌트가 있다. 암행어사 이몽룡은 변학도를 포박
하고 죄지은 자들을 모두 꿇어앉힌 뒤 짐짓 모른 척하며 이방에
게 묻는다. "저기 저 계집은 무슨 죄인가?" 그러자 이방은 답한
다. "본관 사또 수청으로 불렀더니 정절을 지킨다며 수청 아니
들려고 한 죄를 지은 춘향이로소이다." 이에 암행어사는 춘향에
게 묻는다. "기생 주제에 수절한다고 수청을 거절하니 죽어 마
땅한 죄로다. 어사의 수청도 거부할 것이냐?" 그 말을 들은 춘
향은 한양에서 내려오는 관리마다 다 똑같다고 어이없어하며 답
한다. "차라리 얼른 나를 죽여라." 그때서야 암행어사는 "춘향

은 고개 들어 나를 보라."는 말로 자신이 이몽룡임을 밝히고 소설은 해피엔딩으로 끝난다.

이 장면을 보면 탐관오리를 벌하는 정의로운 암행어사라 해도 이몽룡이 아닌 다음에야 변학도와 마찬가지로 춘향을 기생으로 취급하고, 명령 불복종 죄로 잔혹하게 다스릴 수 있음을 알 수 있다. 우리는 이 두 가지 상상을 통해 춘향이 자신에게 부당하게 가해지는 폭력에서 벗어나 목숨을 구할 수 있는 길은 오로지 '(다행히도 변심하지 않은) 남자 친구'가 막강한 권력자가 되어 돌아올 때라는 사실을 깨닫게 된다. 춘향이 어떤 사람인지가 아니라 춘향의 어머니의 직업(신분)이 더 우선시되고, 춘향에게 지킬 정조가 있는지 여부는 춘향의 결정이 아니라 춘향 주변의 남자들의 경쟁에 의해 결정되는 셈이다. 정조를 지켜야 할 주체로는 춘향이 호명되지만, 정조가 춘향에게 속해 있지는 않다.

소설 속에서 춘향이 천민 출신인데도 불구하고 왕명에 의해 양반의 정실부인으로 인정받는 기적은 목숨을 걸고 '정조'를 지킨 여성이 받을 수 있는 최고의 보상인 양 제시된다(실제로는 조선의 신분 제도에서는 불가능한 일이다). 하지만 이것을 두고 '고생 끝에 온 낙'이라고 감동받으며 속지 말자. 현실에서 목숨을 걸고 정조를 지키려는 여인들은 대체로 정말 목숨을 잃는다. 그렇게 얻은 보상은 죽은 사람이 아니라 산 사람들이 나누어 가진다.

남자가 정조를 지킨다고 해도 보상하는 제도는 없다. 정조를 지키는 것으로 신분 상승의 기회를 얻지 못하다니 억울할까, 이것은 남자도 차별받는 남녀 불평등의 증거일까. 이로 인해 '정조' 자체가 마치 여성의 특권처럼 보이기도 한다. 하지만 이는 착시다. 고려 시대만 해도 '의부(義夫)'라 하여 재혼하지 않고 절개를 지키는 남자에게 국가가 상을 주었다. 그러나 조선은 건국과 함께 이 제도를 폐지한다. 의부와 쌍을 이루던 '절부(節婦)' 개념만 남겨 '열녀(烈女)'로 한층 더 칭송하며 사회적 압력을 강화한다. 특권을 획득한 건 조선의 남자들이었다.

대체 남성에게는 전혀 없는 정조 관념이 왜 여성에게만 있어야 하는 것일까. 만약 여성에게 정조가 그토록 중요하다면, 여성의 정조를 지킬 수 있는 가장 확실한 묘책이 있다. 논리적으로 여성의 정조를 뺏는 일은 오로지 남성만이 할 수 있다. 그러니 이 세상 모든 남성이 자신의 아내가 아닌 여성과는 절대로 성관계를 맺지 않으면 된다. 간단하다. 만약 이 간단한 해결책이 실현 불가능한 망언에 불과하다고 생각한다면, 정조를 지키는지를 기준으로 하여 여성의 삶을 재단하려는 시도 역시 얼마나 말이 안 되는지도 쉽게 알 수 있을 것이다.

우리는 《춘향전》을 통해 지고지순한 사랑의 위대한 승리가 아니라, 정조를 지키려다가 처벌받는 춘향과 정조를 지키려다가 보상받는 춘향이 동일 인물이라는 모순을 발견하게 된다. 일부일처제와 기첩 제도가 동시에 작동하는 사회의 모순도 발견하게 된다. 그러니 다시 질문을 던져보자. 여성으로서 춘향이 정말 원한 것이 정조였을까? 춘향이 끝끝내 지키려고 한 것이 정말 정조였을까? 이것은 춘향의 진짜 열망이 아니라, 위선적인 가부장제 사회가 자기 모순을 감추고자 꾸며낸 장치에 불과한 것이 아닐까?

정조라는 덕목을 지켜야만 하는 여자라서 죽기를 택한 것이 아니라, 자기 자신답게 사는 것을 포기할 수 없는 여자라서 죽을 수밖에 없었던 춘향을 떠올려본다. 춘향이 살고 싶었던 세상은 어떤 세상이었을까.

아마도 그 세상은 어머니의 직업이 무엇이든, 자신의 외모가 어떠하든, 결혼을 했든 안 했든, 남자 친구가 옆에 있든 없든 상관없이 그 누구라도 집에 있다가 갑자기 불려 나와서 '성관계'를 강요받는 상황에 놓이지 않는 세상일 것이다. 그 세상에서는 성적 제안을 거부했다는 이유만으로 일어난 폭력 행위가 도리어 관습이나 제도, 법의 이름으로 합리화되지 않을 것이다. 여성을 살릴 수 있는 힘이 남자 친구에게서 나오길 바라지 않을 것이다. 주변 사람이 권력을 지닌 덕에 운 좋게 살아남을 수 있는 것이 아니라, 그 누구라도 자신의 힘으로 위기를 벗어날 수 있는 세상일 것이다.

우리는 이제 확실히 알 수 있다. 정조가 단지 고루한 옛날이야기인 탓에 현대 사회에서 폐기되어야 하는 것이 아니라, 정조로는 아무도 구할 수가 없기에 완전히 폐기되어야 한다. 이것이 정조가 미풍양속이 될 수 없는 이유다. 성폭력 논의에서 결코 정조가 기준이 되어서는 안 되는 이유이기도 하다.

그런데도 형법에 '정조권'이 들어갔다

조선 왕조는 역사의 뒷길로 사라졌지만 여성에게만 정조와 순결을 요구하는 억압적인 규범은 끈질기게 살아남았다. 반(反)성폭력 운동의 역사는 이런 모순적인 이중 규범을 없애기 위한 지난한 투쟁의 과정이기도 하다.

모든 국민은 평등하고 자유롭다는 것이 대한민국 헌법의 정신이다. 이 헌법에 기반해 국민들의 권리를 보호하고 공동체를 유지하기 위한 법률이 만들어진다. 그중에 하나가 범죄를 다스리는 형법이다.

형법은 어떤 행동이 범죄인지를 판단하기 위해 그 법이 보호하려고 하는 이익이나 가치가 무엇인지를 명확히 정하는데, 이를 '보호법익(保護法益)'이라 한다. 예를 들어 절도죄에서 보호법익은 '재산권'이다. 타인의 휴대폰이나 지갑 등을 상대의 동의 없이 몰래 가져가면 상대의 재산권을 침해한 것이므로 '절도죄'로 경찰에 잡혀갈 수 있다. 살인이 범죄인 이유는 타인의 '생명권'을 침해했기 때문이다. 그렇다면 강간죄의 보호법익은 무엇일까? 강압적으로 성관계를 갖고자 한 가해자는 피해자의 어떤 권리를 침해한 것일까?

대한민국 형법은 1953년에 제정되었다. 형법에서 강간죄를 다루는 제32장의 명칭은 '정조에 관한 죄'였다. 강간죄의 보호법익이 '정조권'이라는 의미다. 즉, 강간은 품행이 단정한 부녀자라면 응당 지니고 있는 '정조를 지킬 권리(이자 의무)'를 침해했으므로 범죄다.

그런데 '정조(貞操)'란 무엇인가. 사전적 의미로는 정절과 순결을 뜻하는 말이지만 실제로 이 말이 쓰이는 맥락을 보면 여성이 일평생 단 한 명의 남성, 즉 결혼한 남편과만 성관계를 맺는다는 의미다. 결국 여성이 정조를 지킨다는 말은, 여자로 태어나 여자로 자라면서 결혼하기 전까지는 미래의 남편에게 줄 정조를 지키고, 결혼하면 남편에게 준 정조를 지키고, 혹여 남편이 먼저 죽는다면 남편에게 줬던 정조를 죽을 때까지 지키는 것이다.

만인이 평등하다는 원칙을 헌법에 새겨 넣은 근대 국가라고 해도 '정조'만큼은 버리지 못했다. 이것은 국가가 얼마나 남성 중심적인가를 보여준다. 시대가 바뀌었지만 성범죄에 대한 새로운 아이디어는 없었다. 남자의 성 행동이 자유로울수록 여성의 성 행동은 자유롭지 않아야 한다. 국가가 정조를 중요하게 다루는 이유는 여성들이 낳은 아이의 아버지가 누구인지를 명확하게 가리는 데 있다. 아버지가 누구인지를 찾아내어 양육비를 책임지게 하기 위해서가 아니라, 그래야 가족 혹은 가문의 대(代)가 안정적으로 부계 혈통으로 이어지고 있다는 환상이 유지되기 때문이다. 그래서 정조를 지키지 못할 바에야 자결을 택하는 여성을 열녀로 칭송하는 강력한 성적 순결주의 문화는 결코 여성들을 폭력으로부터 안전하게 지켜주지 못한다.

예를 들어, 조선 시대에는 지아비 외의 남성과 음행을 저질렀다고 알려진 여성은 '유녀적(遊女籍)'이라는 장부에 이름이 적혔고, 세 번 이상 재혼하거나 음행을 한 양반가의 여성은 '자녀안(恣女案)'에 이름을 올려 국가에서 관리했다. 이전의 신분이 무엇이든 '유녀'나 '자녀'로 등록되면 노비가 되거나 창기로 살아야만 했다. 음행을 했는지 여부는 어차피 확인할 방법이 없으므로 거짓 소문을 내는 것만으로도 유녀나 자녀를 만들어내는 일이 가능했다. 부패한 관리들은 자신의 이익에 따라 마음대로 마을의 여성을 유녀로 몰아서 관비로 부리며 착취하기도 했다.

시대가 바뀌었는데 조선 시대처럼 정조가 여성의 안전과 생명 그리고 삶 전체를 좌지우지할 수는 없다. 이에 여성 운동은 문제 제기를 하고, 새로운 개념이 필요하다는 주장을 하며 싸우기 시작했다. 미국에서는 1970년대에 여성주의 시각에서 논의가 시작되었다면, 한국에서는 1980년대 말부터 본격화되었다. 1988년 자신을 성폭행하려는 남성의 혀를 깨물어 절단했다는 이유로 오히려 피해 여성이 처벌을 받는 사건이 계기가 되었다.[7] 1991년에는 어릴 적 자신을 성폭행했던 가해자를 21년 만에 만난 여성

---

7) 집으로 귀가하던 30대 여성 한 명을 두 명의 20대 남성이 골목길로 끌고 가 성폭행하려고 했다. 피해자는 강제 키스에 저항하다가 상대의 혀를 깨물었는데 일부 절단되었다. 가해자 남성이 오히려 피해자를 고소했고, 1심에서는 피해자가 '과잉방어'를 했다는 이유로 유죄를 선고했다. 그 과정에서 피해자의 원만하지 못한 결혼 생활이라든지, 당시 술을 마시고 귀가하던 중이었다는 것을 두고 오히려 피해자를 가해자보다 더 부도덕한 사람인 것처럼 몰기도 했다. 이에 여성계가 재판부에 강력하게 반발했다. 이후 2심과 3심에서는 무죄 판결이 내려졌다. 이 사건은 1990년 〈단지 그대가 여자라는 이유만으로〉라는 영화로 제작될 정도로 사회적 관심이 높았다.

이 가해자를 살해한 사건이 일어났다. 재판 과정에서 성폭력 피해자이면서 살인 가해자가 된 그 여성은 "나는 사람이 아닌 짐승을 죽였다."라고 절규했다. 그 말은 당시 사회에 큰 충격을 안겼다. 여성 단체들은 성폭력에 대한 사회적 관심이 급격히 일어난 기회를 놓치지 않았다. 1991년 8월 '성폭력특별법제정추진위원회'를 결성했고 법 제정을 위한 활동을 벌였다.

정조권을 넘어 성적 자기결정권으로

반성폭력 운동가들은 성폭력을 다루는 법의 태도를 바꾸려면 형법상의 보호법익부터 바꾸어야 하는 것을 알았다. 기존의 보호법익인 정조권을 대체할 새로운 권리 개념이 필요했다. 그렇게 만들어진 것이 바로 '성적 자기결정권(性的自己決定權)'이다.

우리나라 법조계에서 '성적 자기결정권'이 공식적으로 처음 언급된 것은 1990년 간통죄의 위헌 여부에 대한 헌법소원(1990년 9월 10일 선고)이었다. 헌법재판소는 판결문에 "개인의 인격권·행복추구권에는 개인의 자기운명결정권이 전제되는 것이고, 이 자기운명결정권에는 성행위 여부 및 그 상대방을 결정할 수 있는 성적 자기결정권이 포함되어" 있다고 적시했다.[8] 즉, 헌법재판소는 "모든 국민은 인간으로서의 존엄과 가치를 가지며, 행복을 추구할 권리를 가진다."는 헌법 제10조 1항의 의미가 구체적으로 무엇인지를 규정했다. 행복을 추구한다는 것은 자신의 삶을 자신의 의지대로 꾸려나가는 자율적 주체임을 존중받는 것이다. 또한 누구나 자기 삶의 주체로서 당연히 사랑, 연애, 결혼, 성관계를 언제 어떻게 누구와 할지 혹은 하지 않을지를 타인의 간섭 없이 스스로 결정하는 권리를 지닌다는 것이다. 이것이 바로 '성적 자기결정권'이다.[9]

이후 반성폭력 운동의 노력으로 1994년 1월 '성폭력범죄의 처벌 및 피해자보호 등에 관한 법률'이 제정되었고 그다음 해 12월에는 드디어 형법이 개정되었다. 원래의 목표는 '성적 자기결정권 침해에 관한 죄'로 정확하게 표현하는 것이었지만, 법조계는 권리를 바로 명시하는 것을 부담스러워했다. 그 결과 형법 제32장의 명칭은 '정조에 관한 죄'에서 '강간과 추행의 죄'로 다소 모호하게 바뀌었다.

여성학자 신상숙은 1990년대 여성 운동이 성폭력을 '성적 자

8) 1990년 당시에 헌법재판소는 비록 간통을 국가가 범죄로 규정하는 것은, 국민의 성적 자기결정권을 침해할 우려가 있으나 헌법 제37조 2항에 근거해 질서유지와 공공복리를 위해서 불가피한 경우에는 법률로써 기본권을 제한할 수 있음은 근거로 삼아 합헌(6:3) 결정을 내렸다. 하지만 간통죄의 위헌 여부를 다루는 재판은 그 후에도 세 번 더 진행되었고, 2015년 2월 결국 위헌으로 결정되어 간통죄가 마침내 폐지되었다.

9) 1990년 이후 성적 자기결정권은 주요한 권리 개념으로 다루어지고 있다. 헌법재판소에서 1997년 동성동본금혼법, 2009년 혼인빙자간음죄, 2015년 간통죄 위헌 판결을 내릴 때의 근거 역시 성적 자기결정권이었다. 2004년 서울중앙지법에서 아내를 강제추행한 남편에게 유죄 판결을 내리고 2013년에 대법원에서 최종적으로 아내 강간을 인정하는 판결에서도 모두 성적 자기결정권 침해가 주요한 근거였다. 2003년에는 '동성애를 조장하는 것'을 청소년유해매체물 심의 기준에 포함하는 것은 성적 자기결정권의 침해하는 위헌의 우려가 있다고 밝히는 행정법원의 판결도 나왔다.

기결정권 침해'로 정의하려고 시도하면서 기대한 효과는 두 가지였다고 지적한다. 첫째는 '정조의 죄'라는 전통적인 문제틀과 단절함으로써 가부장주의적인 의미 구성을 해체하는 것이고, 두 번째는 강간과 추행을 넘어 성폭력의 적용 범위를 더 넓히기 위한 사전 작업이었다.[10] 이 두 가지 목표는 아쉽게도 여전히 유효하다. 형법학자들은 1995년 이후로 정조에서 성적 자기결정권으로 보호법익이 대체되었다고 말하지만, 형법 제297조에서 강간죄의 객체가 '부녀'에서 '사람'으로 변경된 것은 2013년도의 일이다(2012년 12월 개정, 2013년 6월 시행). 강간이라는 범죄의 피해자로 인정받을 수 있는 범위를 '여성'으로만 한정한 법이 사라진 것은 불과 몇 년이 되지 않는다. 이런 까닭에 법률에서 '정조'라는 단어는 사라졌지만 여전히 '지킬 정조가 있는 여성'만을 보호한다는 구태에서 쉽게 벗어나지 못하고 있다. 여전히 많은 사람들이 성적 자기결정권을 여성에게는 '정조를 지키겠다고 스스로 결정할 권리'가 있다고 좀 더 길게 늘여서 쓴 정도로 오해하고 있다.

누구를 위한 '저항'인가

우리나라 형법 제32장은 저항을 할 수 없을 만큼 강력한 힘

---

10) 신상숙, 〈성폭력의 의미 구성과 '성적 자기결정권'의 딜레마〉, 《여성과 사회》 제13호, 한국여성연구소, 2001, 6~43쪽.

을 행사하여 여성의 성기에 남성의 성기, 정확하게 말하자면, 질에 페니스를 삽입한 경우만을 '강간죄'로 규정한다. 법은 오로지 두 가지에만 관심을 갖는다. 첫째는 피해자가 명확하고 강하게 거부했는가, 둘째는 가해자는 피해자를 임신시킬 가능성이 있는 행위를 했는가이다. 그리하여 저항 여부에 따라 강간과 준강간, 임신 가능성 여부에 따라 '강간'과 '추행'으로 죄명을 나누었다. 2013년에 이르러서야 임신 가능성이 없는 강제적인 성폭력 중 일부를 '유사강간'이란 죄명을 붙여 다른 강제 추행과 구분했지만, 여전히 법은 피해자가 실제로 입은 피해 자체에는 별로 관심이 없음을 보여줄 뿐이다.[11]

가해자가 범죄를 저지르지 않기 위해 어떤 노력을 기울였는지, 동의를 구하려고 했는지가 아니라 피해자가 가해자 스스로 포기할 정도로 강력하게 저항했는지, 거부했는지를 더 중요시하는 이유가 도대체 무엇일까. 이 의문의 궁색한 답은 '범죄 성립의 예외 규정'으로 피해자의 승낙을 다루는 형법 제24조에서 찾을 수 있다. "처분할 수 있는 자의 승낙에 의하여 그 법익을 훼

---

11) 피해자가 강력하게 저항을 했는데도 불구하고 질 내에 페니스가 삽입이 된 경우를 '강간', 피해자가 만취했거나 기절, 또는 깊은 잠이 든 상태 등 아예 저항을 할 수 없는 상황에서 질 내 페니스 삽입을 했다면 '준강간', 피해자가 저항을 했는데도 불구하고 가해자의 페니스가 (질이 아닌) 구강이나 항문에 삽입되거나 피해자의 질 내에 (페니스가 아닌) 손가락이나 다른 물건이 삽입되었을 때는 '유사강간'으로 분류한다. 이러한 성기 삽입 외의 행위는 모두 추행으로 분류되고 추행 역시 위의 기준에 따라 다시 강제추행, 준강제추행으로 나눈다. 특히, 2012년 12월에 형법이 개정되기 전까지는 유사강간은 강제추행죄에 포함되었다. 즉 페니스 질 삽입이 아닌 경우에는 강간으로 보지 않고, 더 가벼운 처벌이 가능했던 것이다.

손한 행위는 법률에 특별한 규정이 없는 한 벌하지 아니한다."
이에 따르면 강간죄에서 만약 피해자가 정조를 지키려고 충분히
노력하지 않았다면, 가해자가 정조를 침해한 것이 아니라 피해
자가 자신의 정조를 '양도'한 것이므로 범죄가 아니다.

그러므로 쟁점은 형법 제24조에서 말하는 '승낙'을 어떻게 해
석할 것이냐이다. 재판부는 두 사람만 있는 공간에서 주로 벌어
지는 사건, 그래서 증인도 증거도 없기 마련인 성폭력 사건의 특
성으로 인해 승낙을 받았다고 주장하는 가해자와 승낙하지 않
았다는 피해자의 증언이 다를 경우 정확한 진실을 파악하기 어
렵다고 생각한다. 그래서 승낙 여부에 대한 합리적 판단의 근거
를 '현저히 곤란하게 할 정도의 폭행이나 협박'으로 판단한다.
피해자가 끝까지 거부하고 저항했으나 가해자가 더 강하게 제
압을 한 것이니 피해자가 그토록 지키려고 애쓴 '정조'를 명백히
침해했다고 보는 것이다.

그런데 이렇게 한번 생각해보자. 우리는 춘향이 형틀에 매여
서 공개적으로 매질을 당했고 망나니가 칼춤을 추며 목을 치기
일보 직전까지 갔으므로 '현저히 곤란할 정도의 폭행'이 있었음
을 쉽게 인정할 수 있다. 그런데 변학도가 춘향을 관아로 불러
와서 아무도 보지 못하게 자신의 방에 앉혀놓고 몇 차례 뺨을
때리며 윽박지르면서 괴롭혔다. 춘향은 처음에는 거부했지만 너
무 힘들고 지쳐서 결국 수청을 들겠다고 말했다. 그 후 출두한
암행어사에게 춘향이 변학도를 성폭력으로 고발하면 어떻게 될

까. 저항을 기준으로 삼는 현행 법 해석에 의하면 변학도는 무죄다. 항거가 불가능할 정도의 협박이 있었다고 볼 수 없기 때문이다.[12] 하지만 법은 중요한 한 가지를 놓치고 있다. 춘향은 관아로 오라는 사또의 명령부터 이미 거부할 수가 없었다. 항거 불가능성은 춘향에게 성적 요구를 하는 그 순간이 아니라 그 이전부터 있었다. 변학도는 춘향에게 이런 상황을 강요할 수 있는 힘이 있었다. 그 힘이 바로 '위력'이다.

가부장제가 만든 강력한 정조 이데올로기는 여성이라면 누구나 원하지 않는 성관계는 최선을 다해 거부할 것이라고 전제한다. 마치 기계가 스위치만 누르면 작동하듯 여성은 정조를 지키려고 본능을 작동할 것이라고 상상한다. 그런 까닭에 법은 거부의 행동은 즉각적이고 동의는 침묵으로도 표현된다고 이해하며 항거 불가능성을 지나치게 협소하게 다룬다.

거부한다는 말은 언뜻 나의 강력한 의지를 발현하는 것처럼 느껴지지만, 정확히 말해 거부하는 행위는 상대의 의지에 반하는 행위다. 그렇다면 당연히 상대의 의지를 내가 지금 꺾을 수 있는지, 그 의지를 거슬렀을 때 벌어질 또 다른 위험은 없는지 등을 헤아려보고 판단해야 한다. 이를 위해서는 신중히 판단을

---

12) 2004년 부산고등법원은 17세의 정신지체장애 1급 여성 장애인을 강간한 가해자에게 무죄 판결을 내렸다. 재판부는 피해자가 정신장애가 있다고 해도 지능이 7~8세 정도이며, 신체를 조절할 능력이 있었기 때문에 가해자가 마을 회관에서 뺨을 때려 겁을 주며 옷을 벗으라고 한 것만으로 당시 상황이 항거 불능 상태였다고 볼 수 없다는 이유를 내세웠다.

할 충분한 시간적 여유가 필요하다. 그리고 어떤 선택을 하든 자신이 안전할 수 있다는 보장도 필요하다. 이런 조건이 성립하지 않을 때, 피해자가 느끼는 위협은 '상대의 강력한 의지' 그 자체다.

상대가 요청하는 것을 들어준다는 의미에서 승낙은 곧 동의가 아니다. 이는 앞에서 언급한 바와 같이 안희정 1심 재판부도 알고 있었던 것 같다. 판결문에 '피해자의 내심에 반했다 하더라도'라는 표현을 썼다는 것은 적어도 동의하지 않은 상황을 인정한 것이다. 하지만 설사 피해자가 원하지는 않았다 해도 상대의 의지를 꺾을 정도로 저항한 것도 아니므로 법은 김지은을 피해자로 인정하지 않았다. 그러나 대체 피해자에게 누구를 위해, 무엇을 위해 목숨까지 걸고 저항하라고 요구하는 것일까. 그런 강력한 저항을 원한 법은 막상 피해자가 목숨과 인생을 걸고 어렵게 피해 사실을 고발했을 때는 왜 그 저항을 인정하지 않는가. 왜 가해자에게 차마 거부할 수 없는 곤란한 상황에 상대를 굳이 빠트렸는지를 추궁하고, 그런 힘을 가진 자의 무책임한 행동에 대해 묻지 않는 것일까.

성폭력 사건을 해석할 때 '저항' 여부가 기준이 되는 것은 피해자가 아니라 오히려 가해자를 위한 보호 장치가 되기 쉽다. 그렇다면 '동의'를 중심으로 삼으면 될까? 그렇게 하면 성적 자기결정권을 법이 잘 보호하는 것이 될까? 아니다. 여기서도 우리는 한 가지 함정을 피해야 한다.

'동의'에 필요한 것은 '거부할 권리'가 아니다

2014년에 일어난 한 사건을 보자. 가해자가 자신의 가게에서 일하는 남자 직원과 그의 여자 친구와 함께 술을 마셨고 술에 취한 두 사람을 자신의 집에서 재웠다. 가해자는 남자 직원의 여자 친구가 덮은 이불을 들추어서 잠든 것을 확인하고 피해자의 몸을 더듬는 성추행을 하다가 남자 직원이 잠에서 깨자 황급히 방 밖으로 나갔다. 피해자가 원치 않았음이 분명한 이 사건은 놀랍게도 1심, 2심, 대법원에서 모두 무죄가 선고되었다. 가해자가 남자 친구의 직장 상사였기에 어떤 곤란한 상황이 발생할지 몰라 잠든 척했다고 피해자가 말했기 때문이다. 재판부는 피해자가 잠든 척했을 뿐 사실은 깨어 있었으므로 항거가 불가능하지 않아 준강제추행이 성립하지 않으며, 가해자의 협박과 폭력이 없었으므로 유사강간도 성립하지 않는다고 판단했다.

이 사건에서 피해자가 잠든 척했으니 저항이 없었던 것도 명백하지만, 가해자가 피해자에게 동의를 구하는 절차가 없었던 것도 명백하다. 동의를 제대로 구하지 않았는데 어떻게 거부를 선택할 수 있단 말인가. 그런데도 법은 명시적 거부 의사 표시를 기준으로 삼는다.

많은 사람들이 오해를 한다. 동의할지, 거부할지 둘 중에 하나를 선택하는 것이 곧 '성적 자기결정권'이 아니다. 피해자는 애당초 동의와 거부 둘 중의 하나를 선택해야 하는 상황 자체를 원한 적이 없기 때문이다. 예를 들어, 변학도가 불러서 관아에 간 춘향이 수청 요구를 받았는데 거부했고, 이에 변학도는 춘향을 집으로 순순히 돌려보냈다고 생각해보자. 그렇다면 우리는 변학도를 대범하고 쿨한 사나이라고 칭찬할 것인가, 고문이나 감금이 없었으니 변학도의 잘못은 전혀 없다고 할 것인가, 춘향은 "싫어."라고 외쳤으니 자신의 성적 자기결정권을 잘 행사한 것으로 보고, 앞으로 피해자가 되지 않으려면 가해자에게 "싫어."라고 외치라고 교육할 것인가.

반복해서 강조하지만 성폭력은 춘향에게 '동침을 요구할 요량'으로 변학도가 춘향을 억지로 관아로 불렀을 때부터 이미 시작되었다. 앞의 2014년 사건에서도 가해자가 몸을 만지기 위해 피해자가 잠이 들었는지를 확인하려고 이불을 들추는 것 자체가 시작이다. 법은 바로 이 폭력의 시작점을 감지해야 한다.

흔히 성적 자기결정권을 '원하지 않는 성관계를 거부할 권리'라고 설명하는데, 이런 설명이 오해를 불러왔다. 사람들은 거부하지 않았으니 너도 원했던 것이 아니냐 혹은 원하지 않았는데 왜 거부하지 않았냐고 묻는다. 권리가 있는데도 왜 권리를 행사하지 않았는지 그 속내를 궁금해한다. 하지만 역설적이게도 누구에게나 '거부할 권리'가 있다는 말은 곧 누구에게나 '상대의 거부를 받아들일 의무'가 있다는 말이기도 하다. "네가 감히 날 거부해"라는 말은 생각할 여지조차 없다. 상대의 거부는 단절이 아니라 의사 표현이거나 소통의 과정이다. 피해자에게 왜 거부하지 않았냐는 질문은 가해자에게 거부할 가능성도 염두에 두고 행동을 했느냐는 질문으로 바뀌어야 한다.

미투에 불만이 많은 이들은, 이젠 애인의 손을 잡을 때도 미리 물어보고 잡아야 하냐며 남자들은 겁이 나서 연애라도 하겠냐고 따진다. 하지만 이들은 연인이나 부부 사이라고 해도 각자의 성적 자기결정권이 존중되어야 한다는 말의 진짜 의미를 모른다. 물어보지 않기 때문에 성적 자기결정권을 침해하는 것이 아니라, 상대방의 마음이나 상태에 관심을 두지 않고 행동하기 때문에 침해하게 되는 것임을 모른다.

더군다나 '물어보는 것 = 동의 절차'가 아니다. 우리는 일상생활에서 자신이 정말 원하는 것인지 아닌지를 명확히 판단하는 일이 그리 간단하지 않다는 점을 인정해야 한다. 실제로는 어느 정도까지 말하고 단호하게 행동해야 그것을 상대가 거부라고 받아들일지도 가늠하기 쉽지 않다. 살면서 모든 판단을 항상 즉각적이고 분명하게 하기는 어렵고, 때론 어찌해야 할지 망설여지고, 때론 자신이 무엇을 정말 원하는지 모르는 순간도 있다. 그래서 평소에 친하게 지내는 사이일수록 동의 없는 성관계에서 오히려 물리적 폭력이 동원되지 않는 경우도 많다. 서로에 대해 안다는 것이 곧 위협이 되는 경우도 있기 때문이다. 남편이나 남자 친구는 자신의 강압적 태도를 낭만과 애정으로 착각하며 더 뻔뻔하게 성관계를 요구하곤 한다. 하지 말라고 하면 상대를 진심으로 사랑하지 않아서라고 의심하기 때문에, 성관계를 하고 싶지 않지만 거부하기 어렵기도 하다.

이렇게 동의와 거부 자체를 성적 자기결정권으로 오용할 우려 때문에, 여성학자 정희진은 개인의 결정은 "사회 혹은 상대방과의 상호 작용과 사회적 맥락 안에서 형성된다"는 사실을 간과해서는 안 된다고 강조한 바 있다.[13] 법학자 박종선 역시 "승낙에 대한 진위 여부의 합리적 판단은 자유주의 법 체제하에서 성별 불평등한 구조를 반영해야 한다."고 말한다.[14] 두 사람 모두 남자와 여자에게 다르게 작동되는 사회의 성 규범이 승낙의 형식 자체에도 영향을 끼친다는 점을 법이 고려하지 않으면, 결국 남성 중심으로 사건을 해석하게 된다고 경고하는 것이다.

미국의 뉴욕주, 워싱턴주 등 일부 주에서는 법정에서 피해자가 동의했는지 여부를 증명하는 것이 아니라 가해자가 피해자의 명시적인 동의를 받았음을 증명해야 한다. 피해자가 자유로운 의사 결정을 할 수 있도록 가해자가 존중했는지를 중심으로 판단하는 것이다. 일본에서는 피해자가 임신 가능성을 걱정하여 차라리 동의하고 콘돔이라도 끼는 것이 낫겠다고 판단해 성교에 응한 사건, 지금 요구에 응하지 않으면 윤간을 당하게 될 거라는 가해자의 말에 윤간을 피하기 위해 성교에 응한 사건도 모두

---

13) 정희진, 〈성적자기결정권을 넘어서〉, 변혜정 엮음, 《섹슈얼리티 강의, 두 번째》, 동녘, 2006, 244쪽.

14) 박종선, 〈여성의 성적 자기결정권에 대한 형법적 담론: 피해자의 승낙을 중심으로〉, 《OUGHTOPIA》 제26권 제2호, 경희대학교 인류사회재건연구원, 2011, 67~95쪽.

강간으로 유죄 판결을 내렸다.[15] 피해자가 동의를 했다고 해서 무조건 합의로 보는 것이 아니라 강제적인 동의를 할 수밖에 없는 맥락까지 고려한 것이다.

　권김현영은 섹스가 성적 욕망을 '해소'하는 일이 아니라 성적 욕망을 '추구'하는 일이라고 지적한 바 있다.[16] 이런 관점은 가해자 중심으로 성폭력을 해석하려는 이들에게 유효한 인식 전환이 될 수 있다. 섹스를 성적 욕망의 해소로만 다루면, 쌓여 있는 것을 풀어내는 자연스러운 과정으로 합리화하기 쉽다. 가해자는 본능적으로 해소를 하려고 했을 뿐이다. 게다가 성적 욕망이 남성에게는 많고 여성은 적다는 식의 성적 고정관념이 작동한다. 그래서 여자가 먼저 유혹한다면 당연히 남자는 넘어갈 수밖에 없고, 여자가 적극 거부하지 않는다면 남자는 동의받았다고 착각할 수밖에 없다고 생각한다. 그러다보니 가해자가 아니라 피해자가 당시에 어떤 옷을 입었는지, 어쩌다가 술을 함께 마시게 되었는지, 왜 모텔까지 따라갔는지 등에 자꾸 초점을 맞추게 된다. 적극적으로 먼저 드러내지 못했을 뿐, 피해자도 내심 욕망을 해소하고 싶었던 것이 아니냐고 몰아간다. 하지만 섹스를 '추구'의 행위로 바꾸면 이야기는 달라진다. 우리는 가해자가 무엇을 바랐는지, 무엇을 얻으려고 그런 행동을 한 것인지 질문할 수 있다.

---

15) 일본에서는 이미 1970년대에 이런 판결이 나온 바 있다. 박종선, 앞의 글.
16) 권김현영, 〈성폭력 2차 가해와 피해자 중심주의 문제〉, 권김현영 엮음, 《피해와 가해의 페미니즘》, 교양인, 2018.

마무리하며

성적 자기결정권은 인간이라면 누구나 지니는 존엄한 권리이
자 국가가 보장해야 할 국민의 기본권이다. 이는 성폭력 문제에
서 보호법익의 역할을 한다는 사실 외에도 자신의 삶을 꾸려나
가는 주체성을 인정한다는 점에서, 자신과 타인의 삶에 대한 이
해를 넓히는 중요한 개념이다. 그러므로 더 많은 논의와 토론이
축적되어야 하는데 안타깝게도 '성적 자기결정권'을 마치 '신체
에 대한 자기 통제'나 '몸에 대한 권리' 정도로 축소하는 경우가
많다. 특히, 여성 청소년 대상 성교육 프로그램에서 '내 몸의 주
인은 나'임을 명확히 인식하는 것이 성적 자기결정권이며, 원하
지 않는 성관계를 요구받으면 단호히 거부하는 것이 권리를 잘
행사하는 것이고, 성적 자기결정권을 잘못 쓰면 임신이라는 당
혹스런 결과가 생긴다며 마치 인과응보 식으로 가르치는 경우
가 그러하다. 이런 교육은 순결이란 단어만 쓰지 않을 뿐, 성적
자기결정권을 정조권과 동일한 의미로 사용하는 것이다. 자신의
몸을 지킬 책임을 오롯이 여성에게만 지운다는 점에서 같기 때
문이다.

권리를 잘 지켜서 손해 보지 말라는 식의 교육이 아니라 함께
어울려 사는 세상에서 상대의 성적 자기결정권을 존중하고, 또
한 자신의 성적 자기결정권도 존중받는 방법을 가르쳐주는 교
육이 절실히 필요하다. 근래 걱정이 되는 것은, 교육무가 2017

년에 '성교육 표준안' 교사용 지도안을 수정하면서 청소년들에게 '성적 자기결정권'에 대한 언급을 금지한 점이다. 이 권리를 청소년들이 섹스할 권리로 오해하여 위험한 성행위를 하고 성적 방종에 빠질지 모른다는 우려 때문이었다. 하지만 교육부가 훨씬 더 우려스럽다. 교육부야말로 성적 자기결정권에 관해 가장 큰 오해를 하고 있다. 국민의 엄연한 기본권인데 가르쳐주면 방종한 생활을 할까 봐 알려주지 않겠다는 것이 대체 말이 되는가.

오히려 더 많은 토론을 청소년 시기부터 활발하게 해야 한다. 자기결정권의 핵심 중 하나는 '타인의 간섭 없이' 스스로 자유롭게 결정하는 것이다. 그렇다면 우리는 타인의 간섭이 작동하는 방식을 검토할 수 있어야 한다. 소통이 원활했는지, 소통 당시에 어떤 뉘앙스의 말을 했는지, 선택을 하는 데 충분한 시간을 확보받았는지, 선택 후 다른 불이익을 받으리라 염려하지 않아도 되었는지 등이 다 포함된다. 또한 간섭과 간섭이 아닌 것을 구분할 수 있어야 한다. 자유로운 선택이 의미하는 바도 이해해야 한다. 누구로부터, 무엇으로부터 자유로운 결정을 한다는 것인지, 만약 자유로운 선택을 할 수 없다면 그 방해 요인은 무엇이며, 선택에 따른 결과는 무엇이며, 그 결과에 어떤 책임이 따르는지 생각하고 준비할 필요가 있다. 이를 '성적 자기결정능력'이라고 할 수 있다. 교육부는 청소년의 성적 주체성을 무시하고 권리에 대해 함구하는 대신 성적 자기결정능력을 향상시키기 위해 노력해야 한다.

소설 속 춘향이 타임머신을 타고 21세기에 왔을 때, 과거에 비해 확실히 세상이 달라졌다고 느낄지 궁금하다. 당시에는 정조를 지키겠다는 말밖에 자신의 정체성과 의지를 드러낼 수 없었던 춘향은 아마도 이렇게 말할 것만 같다. 어떤 한 인간이 그 사회에서 성적 주체로 존중받는 것은 단지 섹스를 할지 안 할지의 문제가 아니라 자신의 삶을 자신이 원하는 모습으로 꾸려나가는 것이라고. 성폭력은 강제로 섹스를 하는 문제가 아니라 주체적인 삶을 존중하지 않는 폭력이라고. 자신의 이야기를 더는 순결과 정조를 지키려고 한 여인의 감동적인 고난 극복기로 읽지 말아 달라고. 열녀가 되길 원한 적이 없다고. 오히려 아무도 자신처럼 목숨이 위험해질 정도까지 내몰리길 원하지 않는다고. 바라는 것은 여성의 '성'을 지켜주는 사회가 아니라 사람의 '삶'을 지켜주는 사회라고 말이다.

젠더 개념과
젠더 폭력[1]

루인 | '트랜스/젠더/퀴어 연구소'에서 일하며 공부하고 있다. 패닉 방어, 젠더 폭력 등으로 이어지는 연구를 통해 젠더/섹슈얼리티와 폭력을 생각하는 방법을 고민하고 있다. 허수경 시인의 시를 읽으며 살아가는 날이 많다.

트랜스젠더퀴어의 시각에서 본 젠더 폭력의 의미

이 글은 미투 운동과 관련하여 젠더와 젠더 폭력의 개념에 대한 한국 사회의 혼란과 '오해'를 트랜스젠더퀴어[2]의 시각에서 분석하고자 한다. 트랜스젠더퀴어의 경험에서 젠더 개념을 살펴보는 작업은 트랜스젠더퀴어의 삶을 가시화하면서 기존 젠더 개념이 구성되는 과정에서 배제되는 것을 탐색하고, 이와 동시에

---

1) 이 글은 "젠더, 인식, 그리고 젠더 폭력: 트랜스(젠더)페미니즘을 모색하기 위한 메모, 네 번째", 〈여성학논집〉, 제30집 1호, 2013, 199~233쪽에 실린 글을 일부 수정한 것이다.

2) 트랜스젠더퀴어는 트랜스젠더와 젠더퀴어를 합친 용어인데, 트랜스젠더와 젠더퀴어를 분명하게 구분하기 힘든 현실을 반영한 용어다. 트랜스젠더퀴어는 이성애-이원 젠더 규범 및 몸 정상성에 저항하는 지속적 삶의 태도, 경험, 인식론과 정치학 및 그와 관련한 정체성을 지칭한다. 이 글에서 나는 트랜스젠더퀴어를 기본 용어로 사용하지만, 본인을 트랜스젠더라고 표현하는 사람과 관련한 논의를 할 때는 당사자의 판단을 존중하여 트랜스젠더라는 용어를 사용한다. 또한 트랜스젠더퀴어가 아닌 사람을 포괄해서 가리킬 때는 비(非)트랜스젠더퀴어를 줄여, 비(非)트랜스로 지칭한다.

젠더 폭력 개념이 어떻게 축소되고 왜곡되는지를 드러내는 데 중요한 의미가 있다. 이 작업을 통해 비트랜스젠더퀴어 중심으로 구성된 페미니즘의 한계를 살펴보면서, 동시에 트랜스젠더퀴어 정치학과 페미니즘 정치학은 결코 별개의 의제로 논의될 수 없음을 주장하고자 한다.

이성애를 중심으로 한 양성 평등 페미니즘[3]은 다양한 젠더 범주를 배제할 뿐만 아니라 전통적 의미의 여성에 대한 폭력(gender based violence, violence against women)을 분석하는 데도 한계가 있다. 한국 사회에서 1980년대부터 시작된 여성에 대한 폭력 반대 운동은 수많은 성과를 이루었지만 여전히 공론장에서 '젠더', '젠더 폭력' 개념은 논란 속에 있다. 더구나 페미니즘 내부에서도 이에 대한 문제 제기나 연구는 활발하지 못한 실정이며, 이는 최근 일부 페미니스트가 드러낸 성적 소수자 혐오의 배경이기도 하다.

현재 널리 쓰이는 젠더 폭력 개념은 젠더를 남성과 여성이라는 이원(二元) 체계로 이해한 것이다. 하지만 젠더는 남성과 여성의 관계로 이해되기보다 '여자 문제' 혹은 '여성 문제'로 인식되는 경우가 더 많다. 미투 운동의 대중화 이후 남성들의 격렬한 반발도 이를 잘 보여주는 현상이다. 최근 드러나고 있는 성폭력 사건들의 가해자와 피해자가 모두 남성과 여성의 이성애 관계에

---

3) 도란스 총서 1권 《양성평등에 반대한다》(교양인, 2017)에서 이 주제를 다루고 있다.

서 발생하는 것은 아니다. '동성' 간의 성폭력 사건은 물론, 트랜스젠더퀴어와 비(非)트랜스 사이의 성폭력 사건 역시 페이스북이나 트위터 같은 소셜네트워크서비스(SNS)에서 자주 언급되고 있다.

현재 한국 사회에서 트랜스젠더퀴어 의제와 페미니즘 의제는 소수의 논의[4]를 제외하면, 별개로 다루어지는 경향이 있다. 둘을 분리해서 사유하는 페미니즘의 입장에서 트랜스젠더퀴어 의제는 아예 다루어지지 않거나 논의의 말미에 잠깐 언급하는 정도로 취급된다. 즉 트랜스젠더퀴어 정치학이 페미니즘 자체를 재구성할 의제로 인식되지 않는 것이다.

비이성애 관계에서 발생하는 성폭력 사건, 트랜스젠더퀴어가 포함된 성폭력 사건을 많은 페미니즘 논의에서 다루기 어려워하는 이유는 페미니즘을 이성애 규범성(이성애 관계를 기본 토대로 구축한 사회 질서), 비트랜스 규범성(비트랜스를 인간의 기본값으로 규정하는 사회 질서)으로 전제하기 때문이다. 하지만 성폭력이나 젠더 폭력에서(그리고 다른 많은 의제에서) 트랜스젠더퀴어 정치학과 페미니즘 정치학은, 이 글의 본문에서 밝히겠지만, 결코 별개의 의제로 논의될 수 없다. 페미니즘 논의에서 트랜스젠더

---

4) 김지혜, "페미니즘, 레즈비언/퀴어 이론, 트랜스젠더리즘 사이의 긴장과 중첩", 〈영미문학페미니즘〉, 제19집 2호, 2011, 53~77쪽.; 김지혜, "페미니스트 젠더 이론과 정치학에 대한 재고: 여자/트랜스(female/trans) 남성성 논쟁을 중심으로", 〈영미문학페미니즘〉, 제20집 2호, 2012, 63~92쪽.; 나영정, "남성/비남성의 경계에서: 성전환 남성의 남성성", 권김현영 엮음, 《남성성과 젠더》, 자음과모음, 2011, 95~127쪽.

퀴어를 논하는 작업과 트랜스젠더퀴어 논의에서 페미니즘을 논하는 작업은 페미니즘과 트랜스젠더퀴어 정치학의 관계를 재정립한다.

이 글은 한국 페미니즘에서 주로 논의된 성폭력 개념 논쟁의 연장선상에서 트랜스젠더퀴어가 겪는 폭력을 살펴보면서 젠더 폭력 개념을 재구성하고자 한다. 이 논의는 트랜스젠더퀴어가 겪는 폭력 피해를 페미니즘의 젠더 폭력 개념에 포함해야 한다는 주장이 아니다. 대신 젠더 폭력 개념 자체를 재구성함으로써 트랜스젠더퀴어와 비트랜스를 가로지르는 젠더 폭력 개념을 모색하려는 것이다.

성폭력을 젠더 폭력으로 해석하는 일련의 방식에 개입하기 위해 먼저 섹스-젠더 개념을 재검토할 것이다. 섹스와 젠더의 관계가 우연적/우발적/부수적(contingency)이라는 주장은 이제 낯설지 않지만 담론적 실천과 일상에서 온전히 수용되지는 않는다. 이 글에서 나는 섹스-젠더 개념을 필연적 관계로 이해할 때 혹은 이원 젠더를 토대로 삼아 논의를 전개할 때 어떻게 트랜스젠더퀴어가 겪는 폭력 피해를 당연하게 여기는지 설명하고자 한다.

이 설명을 바탕으로 삼아 젠더 폭력(gender violence, gendering violence)이라는 개념 자체를 젠더 체화 과정으로 재해석하고 이를 통해 트랜스젠더퀴어와 비트랜스가 겪는 폭력을 연속선상에 배치하고자 한다. 이 작업은 한국에서 조금씩 논의되고 있는 트랜스페미니즘을 모색하는 일이기도 하다.

'브랜든 티나/티나 브랜든'의 범주를 둘러싼 논쟁

킴벌리 피어스가 만들고 힐러리 스웽크가 주연한 〈소년은 울지 않는다(Boys Don't Cry)〉(1999)는 퀴어 혐오 범죄를 그린 영화로 알려져 있다. 영화의 주인공이자 실존 인물이었던 브랜든 티나/티나 브랜든은 남성 젠더로 사회 생활을 했고 친구를 사귀고 연애를 했다. 애인을 포함해 주위의 모두가 브랜든 티나/티나 브랜든을 남성으로 알았고 그 사실을 의심하지 않았다. 하지만 우연하게 두 친구가 브랜든 티나/티나 브랜든이 태어났을 때 여자로 지정받은 기록을 읽은 후 이들의 관계는 파국을 맞았다. 친구였던 두 가해자는 브랜든 티나/티나 브랜든이 여자라는 사실을 당사자와 주변 사람들에게 밝히려고 강제로 옷을 벗겨 외부 성기를 노출시켰다. 이후 두 가해자는 브랜든 티나/티나 브랜든을 성폭행하고 살해했다.

브랜든 티나/티나 브랜든의 젠더 범주는 해석자의 입장에 따라 각기 다르게 명명되었다. 리키 윌킨스는 트랜스젠더나 트랜스섹슈얼로 불렀고, 수전 스트라이커는 이성애-이원 젠더 규범에 부합하지 않는 이들을 포괄하는 의미로 트랜스젠더라 명명했다. 제이 프로서는 그가 남성으로 살아온 트랜스젠더라며 분명하게 ftm(female-to-male)/트랜스남성으로 분류했고 그 사건을 트랜스 혐오 범죄로 설명했다. 반면 히더 핀들레이는 그의 외부 성기 형태가 여성형이라는 점을 근거로 들어 "잘생긴 이웃이 …… 실제로는 여성"이라고 주장했고, 도나 민코비츠는 그가 남성으로 산 여성이며 레즈비언 혐오를 내면화한 부치라고 주장했다.[5]

브랜든 티나/티나 브랜든 사건을 트랜스젠더퀴어 혐오 범죄로 명명할 것인가, 레즈비언 혐오 범죄로 명명할 것인가, 여성 혐오 범죄로 명명할 것인가에 따라 브랜든 티나/티나 브랜든은 다른 범주로 분류되었다. 트랜스섹슈얼, 트랜스젠더, ftm/트랜스남성, 부치 레즈비언, (비트랜스)여성과 같은 명명은 모두 사후 (事後) 해석, 즉 당사자의 생각과는 상관없이 다른 사람들이 각자 자신의 욕망에 따라 분류한 범주였다.

이 사건을 정확하게 어떤 방식으로 명명해야 하는가 밝히는 것이 이 글의 목적은 아니다. 이 글의 관심은 브랜든 티나/티나

---

5) C. Jacob Hale, "Consuming the Living, Dis(re)membering the Dead in the Butch/FTM Borderlands," *GLQ: A Journal Of Lesbian And Gay Studies*, 4.2, 1998, pp. 311~316.; Myra Hird, "Appropriating Identity: Viewing Boys Don't Cry," *International Feminist Journal of Politics*, 3.3, 2001, pp. 435~442.; Jay Prosser, "Transgender," *Lesbian and Gay Studies: A Critical Introduction*, Ed. Andy Medhurst and Sally R. Munt, London and Washington: Cassell, 1997, p. 316.; Susan Stryker, "(De)Subjugated Knowledges: An Introduction to Transgender Studies," *The Transgender Studies Reader*, Ed. Susan Stryker and Stephen Whittle, NY: Routledge, 2006, p. 9.; Riki Anne Wilchins, *Queer Theory Gender Theory: An Instant Primer*, Los Angeles: Alyson Books, 2004, pp. 23~24.

브랜든의 '젠더 표현'과 '태어날 때 지정받은 섹스-젠더 범주'의 '불일치'가 혐오 범죄를 야기했고 범주 명명을 둘러싼 논쟁을 발생시켰다는 데 있다. 나는 외부 성기 형태가 젠더를 확정 짓는 근거로 쓰였을 뿐만 아니라 혐오의 근거로 쓰였다는 사실에 관심이 있다. 브랜든 티나/티나 브랜든의 범주를 해석하고자 했던 이들 중 일부와 사건의 가해자는 '여성형 외부 성기'를 증거로 삼아 브랜든 티나/티나 브랜든은 여성이라고 단언했다. 외부 성기 형태는 젠더를 확인하고 확정할 수 있는 최종 심급(審級)으로 여겨지며 외부 성기 형태와 젠더의 '불일치'는 논쟁을 부르고 때때로 폭력이 발생하는 원인이 된다. 그렇다면 태어날 때 지정받은 젠더로 살아가는 것과 태어날 때 지정받지 않은 젠더로 살아가는 것은 개인의 삶에 어떤 영향을 끼칠까? 또한 이들이 사회의 적절하고 적법한 구성원으로 살아가는 데 어떤 영향을 끼칠까?

브랜든 티나/티나 브랜든과 비슷한 범죄 피해는 오랜 세월 동안 전 세계에 광범위하다. 한국에서 2010년에 발생한 사건을 보자.

경북 경산경찰서는 28일 연애를 하던 상대가 트랜스젠더인 것을 뒤늦게 확인하고 격분해 살해한 혐의(살인)로 박 모 씨(24)에 대해 구속 영장을 신청했다. 경찰에 따르면 박 씨는 지난 23일 오후 대구시 남구의 한 여관에서 연애 상대방인 김 모 씨(24)와 말다툼을 벌이다 김 씨가 남자라는 사실을 알게 되자 수차례 폭행한 뒤 경산시에 있는 한 하천의 둑 아래로 던져 숨지게 한 혐의를 받고 있다. 박씨는 4년 전 아르바이트를 하다 여성 같은 외모를 가진 김 씨를 알게 된 뒤 가끔 만나 왔으나 성별을 알 수 있는 접촉은 갖지 않아 상대방이 트랜스젠더인 것을 인식하지 못했다고 경찰에서 진술했다. ("'여친이 남자?' 격분해 트랜스젠더 살해", 〈한경닷컴〉, 2010년 5월 28일)

가해자 박 모 씨는 피해자 김 모 씨가 트랜스여성 혹은 태어났을 때 남자로 지정받은 사람이라는 점을 '뒤늦게' 알고는 김 모 씨를 폭행하고 살해했다. 그래서 이 사건이 언론에 보도되었을 당시 트랜스젠더 혐오 사건으로 회자되었다. 이 사건은 내가 이미 다른 글에서 패닉 방어 사건으로 논한 적이 있다.[6] 그런데도 다시 다루는 이유는 이 사건이 섹스와 젠더와 폭력의 관계를 논의할 수 있는 전형적인 사례이기 때문이다.

브랜든 티나/티나 브랜든을 살해한 가해자 두 명은 브랜든 티나/티나 브랜든의 옷을 벗겨 외부 성기 형태를 확인하고는 브랜든 티나/티나 브랜든의 '진짜' 젠더를 알았다고 단언했다. 김 씨의 가해자 박 모 씨는 그동안 "성별을 알 수 있는 접촉은 갖지 않아" 김 씨의 젠더를 몰랐다고 했다. 이 말은 개인의 젠더는 신

---

6) 이 사건을 패닉 방어로 분석한 글은 루인, "피해자 유발론과 게이/트랜스 패닉 방어", 권김현영 엮음, 《피해와 가해의 페미니즘》, 교양인, 2018, 157~200쪽 참고.

체 접촉 같은 어떤 접촉이 있어야 비로소 알 수 있다는 뜻일까? 우리는 상대방의 젠더 범주를 언제 알 수 있을까? 신문 기사에 따르면, 말다툼 과정에서 피해자의 젠더 범주를 알았다고 쓰여 있는데 그렇다면 가해자 박 씨와 피해자 김 씨 사이에 데이트 폭력이 발생했고 그 과정에서 가해자가 피해자의 외부 성기 형태를 강제로 '확인'한 일이 발생했다고 추정할 수밖에 없다. 그렇다면 외부 성기 형태를 확인해야만 비로소 그 사람의 젠더 범주를 알 수 있을까? 흔히 연애 관계에서 "진도는 어디까지 갔니?", "할 거 다 했다", "갈 데까지 갔다" 같은 표현을 쓰는데 이 표현은 성관계를 했다는 뜻이다. 이런 말은 이성애자에게 성관계는 상대방이 나의 이성(異性), 즉 반대의 성이라는 점을 확인하는 과정이고, 동성애자에게 성관계는 상대방이 나의 동성이라는 것을 확인하는 과정이라는 뜻일까?

섹스-젠더의 필연적 관계 비판

연애를 할 때 성관계를 중시하는 한국 문화에서 성관계를 나와 상대방의 젠더 범주를 확인하는 과정이 아니라고 할 수도 없다. 그렇다면 젠더는 정확하게 언제 인식되는 것일까? 섹스-젠더 개념은 우리가 사람을 인식하는 과정에서 어떤 역할을 할까? 섹스와 젠더를 확인하는 과정이 어떻게 폭력 가해와 긴밀하게 연결되는 것일까? 이 질문에 답을 찾기 위해 먼저 섹스-젠더 개넘 자체를 정교하게 분석하고자 한다.

섹스와 젠더를 구분하고 그 개념을 모색하는 작업은 서구의 제2 물결 페미니즘의 발달과 궤를 같이했다. 페미니즘은 여성이 겪는 억압을 자연 질서로 여기는 사회문화적 인식에 문제를 제기하기 위해, 여성으로 태어난다고 해서 여성이 되어야 할 이유는 없다고 주장했다. 이 주장을 뒷받침하는 이론적 도구가 섹스와 젠더의 구분이다. 섹스, 즉 생물학적 몸/성은 타고나며 변하지 않는다고 해도, 젠더, 즉 사회적 역할, 행동 양식 등은 사회문화적으로 구성된다는 것이 이 공식의 핵심이다. 섹스-젠더 구분 공식은 '여성으로 태어났으니 가사노동을 하는 것이 당연해' 같은 억압 논리의 연결 고리를 끊는 역할을 했다. 이 공식에 따르면, '가사노동을 해야 함'은 '여성으로 태어남'의 필연적 귀결이 아니라 사회문화적 실천의 효과다. 페미니즘은 이 공식을 통해 여성이 겪는 억압을 권력의 문제로 재구성했다.

생물학적으로 타고나는 것과 사회문화적으로 구성되는 것 사이의 연결 고리를 끊는 전략은 여성이 겪는 억압을 설명하는 데 중요한 역할을 했지만 그 성과가 긍정적인 것만은 아니었다. 섹스-젠더 구분 공식을 간결하게 설명한 앤 오클리는 섹스가 변하지 않는 그릇(container)이라면 젠더는 그릇에 담는 내용물이기에 변할 수 있다고 주장했다.[7] 여성이 여성으로 태어남은 당연한 일이지만 어떤 사회적 역할을 부여하느냐에 따라 다른 성 역할을 실천하는 여성이 될 수 있다는 뜻이다. 오클리 식의 섹스-젠더 구분 공식은 현재도 페미니즘 내에서 널리 쓰이고 있다.

하지만 이런 구분 방식은 페미니즘이 문제삼고자 했던 억압 체계의 논리를 반복하는 것이다. '자연/비이성/육체(섹스) 대 문화/이성/정신(젠더)'이라는 이분법의 또 다른 판본이기 때문이다. 이러한 구분 자체가 여성을 비롯한 사회의 비규범적 존재들을 병리화하고 억압하는 핵심 논리다. 오클리 식의 섹스-젠더 구분은 바로 이 논리를 반복한다는 점에서 문제다. 오클리 식의 섹스-젠더 구분은 기존 지배 질서에서 '여성' 억압을 호소할 수는 있더라도 억압과 권력 배치에는 아무런 문제 제기도 할 수 없도록 한다. 억압을 재생산하는 논리의 틀이 깨지지 않는 한, 누구도 '해방'될 수 없다. 그러니 오클리 식의 섹스-젠더 구분은, 주인의 도구로는 주인의 집을 붕괴시킬 수 없는데도 주인의 도구를 사용해서 변화를 모색하는 것과 같다.[8]

섹스-젠더 구분 공식의 또 다른 문제는 젠더가 문화적으로 구성된다고 주장하면서도 여전히 섹스와 젠더를 필연적 관계로 가정한다는 점이었다. 1970년대 후반부터 모니크 위티그를 비롯한 일군의 페미니스트들은 섹스-젠더 구분 공식이 두 개념을

---

7) Ann Oakley, "The Difference between Sex and Gender"(original 1972), *The Ann Oakley Reader: Gender, Women and Social Science*, Ed. Ann Oakley, Bristol: The Policy Press, 2006, pp. 7~12.

8) Audre Lorde, "The Master's Tools Will Never Dismantle the Master's House," *Sister Outsider: Essays and Speeches*, Berkeley: The Crossing Press, 1984, pp. 110~113.

구분하면서도 둘의 연결 고리 자체는 끊지 못한다고 비판했다.[9] 즉, 여성으로 태어나는 것이 아니라 여성이 되는 것이라고 주장하면서도 그 여성 범주에 속하는 구성원은 여전히 '생물학적 여성'이어야 하고, 여성으로 태어난 사람은 당연히 일평생 여성으로 살아갈 것이라는 인식 자체를 문제삼지 않으면서 섹스와 젠더를 구분한다면, 결국 젠더 역시 '생물학적으로 타고난 것'일 뿐이다. 이런 배경에서 이루어지는 섹스와 젠더의 개념 비교는 생물학적인 것과 문화적인 것의 비교인지, 생물학적인 것과 생물학적인 것의 비교인지, 문화적인 것과 문화적인 것의 비교인지, 문화적인 것과 생물학적인 것의 비교인지 분명하지 않다.

이러한 문제의식에 따라 젠더 연구가 단순히 여성을 대상으로 삼아 여성이 겪는 억압을 밝히는 작업이 아니라 이 사회가 어떻게 구조화되었는지를 질문하며 젠더 관계를 분석하고 이해하는

---

9) Judith Butler, "Sex and Gender in Simone de Beauvoir's Second Sex", *Yale French Studies*, 72, 1986, pp. 35~49.; Judith Butler, "Variation on Sex and Gender: Beauvoir, Wittig and Foucault", *Feminism As Critique: On the Politics of Gender*, Ed. Seyla Benhabib and Drucilla Cornell, Oxford: Polity, 1987, pp. 128~142, 185.; Judith Butler, "Performative Acts and Gender Constitution: An Essay in Phenomenology and Feminist Theory"(original 1988), *Performing Feminism: Feminist Critical Theory and Theater*, Ed. Sue-Ellen Case, Baltimore and London: The Johns Hopkins University Press, 1990, pp. 270~282.; Christine Delphy, "Rethinking Sex And Gender"(original 1991), *Feminist Theory Reader: Local And Global Perspectives*, Ed. Carol R. McCann & Seung-Kyung Kim, New York: Routledge, 2003, pp. 57~67.; Jane Flax, "Postmodernism and Gender Relations in Feminist Theory," *Signs*, 12.4, 1987, pp. 621~643.; Monique Wittig, *The Straight Mind and Other Essays*, Boston: Beacon Press, 1992.

비판 연구라고 재해석하는 페미니스트들도 나타났다.[10] 이런 재해석은 여성과 남성을 당연한 범주로 여기지 않겠다는 인식론적 전환이기도 했다.

한편, 인간은 생물학적으로 여자 아니면 남자로 태어나는가라는 이슈는 또 다른 페미니스트 생물학자와 트랜스젠더퀴어 이론가, 인터섹스 이론가들에게 비판받았다. 이들은 크게 두 가지 중요한 이슈를 제기했다. 첫째, 인간은 두 가지 중 하나의 섹스-젠더로 태어나지 않는다.[11] 만약 인간이 여자 아니면 남자 둘 중 하나의 섹스-젠더로만 태어난다면, 인터섹스(intersex)를 비롯해 이원 섹스 범주에 속하지 않는 인간은 사회에서 추방되거나 '변태'로 치부될 뿐이다. 그리하여 이원 섹스에 속하지 않는 이들은 둘 중 하나의 섹스에 수렴되기 위해 자신의 의지와 무관하게 '자연화/규범화' 수술을 받아야 한다. 이것은 많은 인터섹스가 어린 시절에 겪는 구체적 현실이자 모든 인간을 남성 아

---

10) Teresa de Lauretis, *Technologies of Gender: Essays on Theory, Film, and Fiction*, London : Macmillan, 1987.; Joan W. Scott, "Gender: A Useful Category of Historical Analysis," *The American Historical Review*, 91.5, 1986, pp. 1053~1075.

11) Alice Domurat Dreger, "'Ambiguous Sex': Or Ambivalent Medicine? Ethical Issues in the Treatment of Intersexuality", *The Hastings Center Report*, 28.3, 1998, pp. 24~35.; Anne Fausto-Sterling, "The Five Sexes", *Sciences*, 33.2, 1993, pp. 20~25.; Peter Hegarty in conversation with Cheryl Chase, "Intersex Activism, Feminism and Psychology: Opening a Dialogue on Theory, Research and Clinic Practice", *Feminism & Psychology*, 10,1, 2000, pp, 117~132.; Wilchins, 앞의 글.

니면 여성으로 유지하는 주요 장치 중 하나다.

둘째, 인간이 태어났을 때 지정받는 섹스-젠더는 '생물학적 사실'과 무관하다.[12] 아이가 태어났을 때 의사는 태아의 모든 생물학적 조건을 검토해서 섹스-젠더를 결정하지 않는다. 외부 성기 형태를 '힐끗 보고' 음경으로 판단할 수 있으면 남아, 음경으로 판단할 수 없으면 여아로 분류한다. 이런 분류 관습 때문에 나이가 들어 인터섹스로 진단받는 경우도 많다. 인간이 태어났을 때 지정받는 섹스-젠더는 '생물학적 사실'에 근거한 해석이 아니라 몸의 문화적 의미를 반복 인용하는 실천이다. 인간은 둘 중 하나의 섹스-젠더로 태어나지 않을 뿐만 아니라 외부 성기 형태가 인간의 섹스-젠더를 판단하는 결정적 근거가 될 수는 없다.

그런데도 외부 성기를 비롯해 인간 몸의 어떤 외적 형태를 근거로 삼아 젠더 범주를 확인할 수 있다는 믿음은 결국 다음 두 가지 전제를 반영한 것이다. "인간의 외부 성기는 젠더 범주와 일치해야 한다.", "인간의 섹스-젠더는 생물학적으로 타고나지만 개인마다 남성성이나 여성성의 성질은 다를 수 있다." 이 전

---

12) Dreger, 앞의 글.; Peter Hegarty in conversation with Cheryl Chase, 앞의 글.; Suzanne J. Kessler, "The Medical Construction of Gender: Case Management of Intersexed Infants", *Signs*, 16.1, 1990, pp. 3~26.; Suzanne J. Kessler, *Lessons from the Intersexed*, New Brunswick, N.J.: Rutgers University Press, 2002.; David Valentine & Riki Anne Wilchins, "One Percent on the Burn Chart: Gender, Genitals, and Hermaphrodites with Attitude", *Social Text*, 52-53.3-4, 1997, pp. 215~222.

제는 또 다른 생물학적 환원주의다. 만약 외부 성기 형태를 근거로 삼아 젠더 범주를 확인할 수 있다거나 '특정 생물학적 기능' (예를 들어 임신과 출산)을 통해 동질적 젠더 범주를 세울 수 있다고 가정한다면, 이 가정은 특수한 경험을 보편성의 기준으로 삼는 것과 같다. 이 기준은, 예를 들어 여성이지만 임신과 출산을 경험하지 않는 여성을 모두 배제하거나 의심스러운 존재로 만들고 침묵시킨다. 뿐만 아니라 기혼 여성에게 아이를 낳도록 종용하며 여성을 '인큐베이터'로 여기는 사회적 인식, 여성은 결혼하고 애를 낳아야 비로소 성인이 된다는 규범적 인식에 적합한 근거를 제공할 뿐이다. 그리하여 섹스와 젠더의 단선적이고 필연적인 관계, '해부학은 운명이다'를 비판하고 부정하며 등장한 제2 물결 페미니즘은 그 자신의 토대를 부정하게 된다.

트랜스젠더퀴어와 젠더

이제까지 살펴본 섹스-젠더 논의는 이미 많은 이들이 지적하고 있다는 점에서 새롭지 않다. 중요한 것은 여기에 또 다른 역사적·비평적 맥락을 적용해야 한다는 점이다. 섹스-젠더 개념, 여성-남성 범주 논쟁은 제2 물결 페미니즘이 최초로 그리고 유일하게 제기한 이슈가 아니다. 흔히 섹스-젠더 구분 공식은 제2 물결 페미니즘의 성과로 알려져 있지만 이것은 명백한 착오다.

미국에서 섹스-젠더 개념의 구분은 트랜스젠더퀴어와 성과

학자들의 노력으로 이루어졌다.[13] 서구 근대 의학에서 성전환수술의 가능성은 1910년대 후반에 제기되었다. 오스트리아의 성과학자 오이겐 슈타이나흐(Eugen Steinach)는 설치류에게 성전환수술을 실험했다. 그는 수컷 설치류를 거세한 후 난소를 이식하니 여성화되고, 암컷 설치류를 거세한 후 정소를 이식하니 남성화된다는 사실을 발견했다.[14] 이 실험은 호르몬의 역할을 발견한 것일 뿐만 아니라 섹스도 고정되고 타고나는 것이기보다 변형될 수 있다는 의료적, 인식론적 가능성을 발견한 것이기도 했다. 슈타이나흐의 실험이 대중 잡지에 실리고 널리 알려지면서 자신의 몸을 바꾸고 싶은 이들이 의사를 찾아가 수술을 요구했다. 의사를 찾아간 트랜스젠더퀴어는 자신의 상황을 설명하고 설득하기 위해 '생물학적으로는 남자(여자)'(로 지정/진단받았)지만 '정신적으로는 여성(남성)'이라는 수사를 사용했다.

이 수사는 '잘못된 몸에 갇힌 존재'로 번역되면서 정신-육체 이분법을 강화하는 언설로 독해되는 경향이 있다. 하지만 이 수사는 생물학적 성과 사회문화적 혹은 정신적·심리적 성을 구분하려는 노력에서 초기에 나타난 중요한 시도였으며 섹스와 젠더의 구분에서 초석이 되었다. 트랜스젠더퀴어와 얘기를 나눈 의

---

13) Joanne Meyerowitz, *How Sex Changed: A History of Transsexuality in the United States*, Cambridge, Massachusetts, London, and England: Harvard University Press, 2002.; 수잔 스트라이커, 《트랜스젠더의 역사-현대 미국 트랜스젠더 운동의 이론, 역사, 정치》, 제이, 루인 옮김, 이매진, 2016.
14) Meyerowitz, 앞의 글, p. 16.

사들은 트랜스젠더퀴어의 경험을 기록했고 인간의 젠더 정체성
이 생물학적 형태와 반드시 일치하는 것은 아님을 깨달았다. 트
랜스젠더퀴어의 몸 경험은 섹스와 젠더는 당연히 일치해야 한다
는 근대의 인식론, 그리고 이 인식론을 밑절미 삼아 형성된 근대
국민국가의 토대에 균열을 냈다.

1952년 미국에서 등장한 트랜스여성 크리스틴 조겐슨
(Christine Jorgensen)은 인식론적 균열이 생기는 데 임계점 역할
을 했다. 한국의 하리수와 비슷하다고 할 수 있는 조겐슨은 등
장과 동시에 미국에서 가장 유명한 사람이 되었다. 미국 최초의
트랜스젠더는 아니지만 가장 유명한 트랜스젠더였던 조겐슨으
로 인해 사람들은 누가 여성이고 누가 남성인지, 여성 혹은 남성
은 어떻게 구성되는지를 질문하기 시작했다.[15] 태어났을 때 남
자로 지정받은 사람이 현재 여성으로 보이고 그 사람이 자신을
여성으로 설명한다면 섹스와 젠더를 필연적 관계로 설명하는 방
식은 흔들릴 수밖에 없다. 그리하여 대중은 섹스와 젠더가 반드
시 일치하는지, 일치해야 하는지, 둘은 우발적 관계가 아닌지 질
문했다. 조겐슨의 등장 이후 미국 사회에서 일상적으로 진행된
이런 논의는 1960년대 제2 물결 페미니즘의 등장에 중요한 영향
을 끼쳤다.[16]

여성으로 태어나는 것이 아니라 구성된다는 인식, 여성성과

---

15) 스트라이커, 앞의 책, 84~86쪽.
16) 스트라이커, 앞의 책, 86쪽.

남성성은 권력의 배치 문제라는 문제의식은 모두 트랜스젠더퀴어가 제기한 질문과 같은 맥락이다. 따라서 미국 페미니즘의 역사, 섹스-젠더 개념의 역사는 트랜스젠더퀴어의 역사와 떼려야 뗄 수 없을 뿐만 아니라 트랜스젠더퀴어가 일군 성과라 할 수 있다.[17]

섹스와 젠더의 구분은 인간이 생물학적으로 남자와 여자 둘 중 하나의 섹스로만 태어나지 않을 뿐 아니라, 생물학적이라고 불리는 어떤 특징 및 범주와 사회문화적이라고 불리는 어떤 특징 및 범주가 반드시 일치하지는 않음을 설명하는 데 상당히 중요한 역할을 했다. 이런 역사적 배경에서 제인 플랙스는 1987년 섹스-젠더 구분 공식에 문제를 제기하며 섹스와 젠더의 관계를 필연적이지 않은 것으로 재규정하려 했다. 플랙스는 "젠더란 무엇인가?", "젠더는 해부학적 성차와 어떤 관계인가?", "젠더는 오직 둘뿐인가?" 같은 질문을 페미니즘이 던져야 한다고 주장했다.[18] 플랙스의 질문은 주디스 버틀러가 젠더를 안정적 범주가 아닌 불안정한 상태 즉 '트러블'로 만들면서 확장되었고[19]

---

17) 김지혜, "페미니즘, 레즈비언/퀴어 이론, 트랜스젠더리즘 사이의 긴장과 중첩", 앞의 글.; 김지혜, "페미니스트 젠더 이론과 정치학에 대한 재고: 여자/트랜스(female/trans) 남성성 논쟁을 중심으로", 앞의 글.; 루인, "젠더로 경합하고 불화하는 정치학: 트랜스젠더퀴어, 페미니즘, 그리고 퀴어 연구의 이론사를 개괄하기",《퀴어 페미니스트, 교차성을 사유하다》, 도서출판 여이연, 2018, 73~113쪽.; 스트라이커, 앞의 책.
18) Flax, 앞의 글, p. 627.
19) Judith Butler, *Gender Trouble: Feminism and the Subversion of Identity*, 10th Anv. Edition(original 1990), New York: Routledge, 1999.

버틀러의 문제의식은 섹스-젠더 개념 논의의 기본 토대가 되었다.[20]

그런데도 현대의 페미니즘은 참된 생물학적/신체적 섹스가 있다는 믿음 자체에 도전하지 않는 경향이 강하다.[21] 여전히 젠더 관점은 (특정 경험에 한정되어 있는데도 보편적이라고 가정하는) 여성의 관점을 뜻하며, 젠더 분석은 '여성'을 대상으로 하는 경우가 대다수다. 그래서 여성이라는 젠더 범주는 여전히 언제나 '섹스'로서 여성, '생물학적 여성'을 가리킨다.[22]

젠더와 폭력의 관계를 다루는 논의도 예외가 아니다. 젠더와 폭력 혹은 여성과 폭력의 관계를 다룬 논의의 대부분이 비트랜스여성만을 대상으로 삼는다. 여성은 언제나 '비트랜스여성'의 축약어인데도(뿐만 아니라 비장애 여성, 이성애 여성의 축약어이기도 하다) 이를 문제삼는 경우는 매우 드물다. 이런 인식에서 트랜스젠더퀴어의 경험, 트랜스여성의 경험은 누락된다. 트랜스젠더

---

20) Viviane Namaste, "Undoing Theory: The 'Transgender Question' and the Epistemic Violence of Anglo-American Feminist Theory", *Hypatia*, 24.3, 2009, p. 11; Susan Stryker, "Transgender Studies: Queer Theory's Evil Twin", *GLQ: A Journal Of Lesbian And Gay Studies*, 10.2, 2004, pp. 212~215.

21) Emi Koyama, "The Transfeminist Manifesto", *Catching a Wave: Reclaiming Feminism for the 21st Century*, Ed. Rory Dicker & Alison Piepmeier, Boston: Northeastern University Press, 2003, p. 249.; Stephen Whittle, "Where Did We Go Wrongs: Feminism and Trans Theory-Two Teams on the Same Side?", The American Boyz to Hold Fourth Annual True Spirit Conference, 2000, p. 3.

22) 김은실, "지구화 시대 한국 사회 성 문화와 성 연구 방법", 변혜정 엮음, 《섹슈얼리티 강의, 두 번째: 쾌락, 폭력, 재현의 정치학》, 동녘, 2006, 20~21쪽.

퀴어 의제는 젠더 의제가 아니라는 인식에서, 트랜스젠더퀴어가 겪는 물리적 폭력 피해는 또한 인식론적 폭력 피해가 된다.

이제 앞서 얘기한 브랜든 티나/티나 브랜든과 김 씨의 사례로 돌아가보자. 브랜든 티나/티나 브랜든을 살해한 두 가해자는 외부 성기로 젠더 범주를 증명하려고 했다. 두 가해자의 행동은 여성 혹은 남성은 생물학적으로 다르게 태어나며, 이렇게 타고 난 생물학적 성별은 변하지 않고 섹스와 젠더는 일치해야 한다는 통념을 전제하고 있다. 이런 인식을 바탕으로 할 때 앤 오클리 식의 섹스-젠더 구분은 또 다른 자연 질서로 작용한다. 외부 성기가 '여성'형이라면 젠더 역시 (비트랜스)여성이어야 한다. 외부 성기가 '여성'형인 사람은 남자 '같은' 여성일 순 있어도 남자일 수 없고 남자여서도 안 된다. 이것을 '위반'하는 행위, 여자로 태어났으면서 남성이 (되)려는 행위는 단순히 개인의 문제가 아니라 공동체를 위협하는 '범죄'다. 따라서 이원 섹스-젠더 규범을 위반하는 존재를 처벌하는 행위는 위법 행동이 아니라 문화적 규범을 지키는 정당한 실천이 된다.

실제로 두 가해자는 재판정에서 브랜든 티나/티나 브랜든의 "젠더와 성기가 일치하지 않아 억울하게 속았다."라고 하면서 자신들의 행동을 변명했다.[23] 문제를 발생시킨 존재, 규범을 어긴 자, 그리하여 진짜 가해자는 브랜든 티나/티나 브랜든이며

---

23) Stryker, "(De)Subjugated Knowledges: An Introduction to Transgender Studies", 앞의 책, p. 10.

자신들은 피해자라는 뜻이었다. 물론 법정은 이런 항변을 받아들이지 않았다. 그렇다고 해도 살인과 폭력 범죄를 정당화하기 위해 이런 식의 변명을 내세울 수 있다는 믿음의 문화적 토대 자체가 사라진 것은 아니다. 그 토대는 비록 시간과 공간이 완전히 다르긴 해도 오늘날 한국에서도 유지되고 있다.

앞서 인용한 신문 기사에서 드러난 서사를 확인해보자. 기사에 따르면 가해자 박 씨와 피해자 김 씨는 4년 정도 친밀한 관계 혹은 연애 관계에 있었지만 "성별을 알 수 있는 접촉"을 갖지 않아 박 씨는 김 씨가 트랜스여성이라는 사실을 몰랐다고 한다. 김 씨가 여성으로 통했다면 혹은 박 씨가 김 씨를 여성 젠더로 독해했다면 그것으로 김 씨의 젠더를 안 것이라고 할 수 있는데도 "성별을 알 수 있는 접촉"이 없었다는 것은 무슨 뜻일까. 비트랜스-이성애 관계에서라면 일단 상대방과 "성별을 알 수 있는 접촉"을 하고 나서 '상대방은 나와 다른 젠더구나' 하고 인식하고 그 후에 연애를 제안하거나 사랑의 감정을 품지는 않는다. 가해자 박 씨의 주장에서 "성별을 알 수 있는 접촉"은 성기 결합을 기준으로 삼는 성관계를 갖지 않았다는 의미라고 추정할 수 있을 뿐이다. 이런 상황에서 박 씨는 김 씨가 '트랜스젠더라는 사실'을 우연히 알았고 이에 격분해서 살해했다. 가해자가 내세운 변명은 언론을 통해서만 유포된 것이 아니다. 재판정에서도 가해자는 동일한 서사를 구성했다. 1심 재판에서 징역 15년을 선고받고 항소하면서 가해자는 "피해자가 트랜스젠더라는 사실을 뒤늦게 알고 이 사실에 격분하여 우발적으로 이 사건 범행을 저지른 것"이라고 항소했고 정상참작을 호소했다.(판결문 2010고합281) 이 서사는 브랜든 티나/티나 브랜든 사건의 서사와 매우 유사하다. 두 사건의 가해자들은 모두 피해자가 이원 섹스-젠더 규범을 어겼기에 자신들이 기만당했다고 주장했다.

가해자의 항소 논리, 트랜스젠더라는 사실을 뒤늦게 알아 기만당했다는 주장은 섹스와 젠더의 관계를 지금처럼 단선적으로 이해할 때 어떤 식의 폭력이 발생할 수 있고 또 그 폭력이 어떤 식으로 정당화될 수 있는지를 분명하게 보여준다. 그러니 섹스와 젠더의 필연적 관계를 문제삼지 않는 태도는 단순히 섹스-젠더 관계의 필연성을 비판하며 등장한 페미니즘의 역사를 부정하는 문제가 아니다. 이러한 태도는 섹스와 젠더의 불일치로 발생하는 다양한 폭력과 동일한 논리를 취할 뿐만 아니라 그 폭력을 정당화하는 데 논리적 근거를 제공한다는 점에서 심각한 문제가 된다. 인간에 대한 폭력을 종식하고 폭력 개념 자체를 재사유하는 실천이 페미니즘의 일부라면, 어떤 경우에도 이원 섹스-젠더와 섹스-젠더의 필연적 관계를 준거틀로 삼아 논의를 전개해서는 안 된다. 섹스-젠더 관계, 젠더 개념 자체를 바꿔야 한다.

젠더 인식과 트랜스젠더퀴어가 겪는 폭력의 성격

그렇다면 젠더 연구는 어떻게 이루어져야 할까? 벨 훅스는 1984년에 처음 출판한 책 《페미니즘: 주변에서 중심으로》에서 여성 간의 차이를 논하자고 주장했다.[24] 여성과 남성을 각각 단일한 범주로 해석하고 여성은 동일한 억압을 겪는다는 논리는 여성 내의 복잡한 권력 관계를 은폐한다. 인종이나 계급이 동일하지 않은 여성은 서로 다른 맥락에서 다른 방식으로 억압을 경험한다. 예를 들어, 인종을 의미 있는 범주로 여기지 않는 집단에서 아이가 태어났을 때 가장 중요한 범주는 젠더일 수 있다. 즉 태아의 젠더가 '공주님'이냐 '왕자님'이냐에 따라 아이의 삶과 아이를 낳은 사람(반드시 '여성'은 아니다)의 삶이 달라진다. 하지만 미국 사회에서 흑인 집단은 아이의 피부색을 먼저 확인하고 그다음에 젠더 범주를 확인한다.[25] 이것은 "여성의 출산 경험은 동일하다.", 혹은 "여성은 출산을 한다는 점에서 공통된 경험을 한다."는 진술이 누구의 맥락에서 구성된 젠더 경험인지 되묻도록 한다. 여성을 동질적인 경험을 공유하는 집단으로 상상하고 이를 통해 여성을 피억압 집단으로만 재현하는 것은 여성에게 어떤 의미일까? 여성을 단일한 피억압 집단으로 설정한다면 부정

---

24) bell hooks, *Feminist Theory: From Margin to Center*(original 1984), Cambridge MA: South End Press, 2000.
25) hooks, 앞의 책, p. xii.

적 의미에서 여성이 행사하는 다양한 권력과 긍정적 의미에서 삶을 재창조하는 힘으로서의 권력을 모두 부정하게 될 뿐이다.

여성 범주 내에서도 다양한 권력이 작동하고 착취와 억압이 작동한다. 이것은 은폐할 것이 아니라 성찰과 분석의 대상으로 삼을 문제다. 젠더 연구는 젠더, 계급, 인종 등이 교차하는 횡단의 정치(transversal politics)로 접근해야 할 뿐만 아니라 젠더 자체의 복잡성을 탐구하는 상호 교차성 연구가 되어야 한다.

젠더 이론가이며 연극배우이기도 한 케이트 본스타인은 젠더를 질문하는 방식 자체를 바꿔야 한다고 제안했다.[26] '젠더란 무엇인가?'라는 질문은 '여성과 남성은 어떻게 다른가?'라는 질문이 아니다. 후자의 질문은 이미 여성과 남성이라는 이원 젠더를 당연한 자연 질서로 전제한 것이다. 이 전제는 앞서 두 건의 폭력 사건을 통해 확인했듯, 혐오 폭력을 정당화하는 논리로 작용한다. 젠더 혹은 섹스와 젠더의 관계를 이미 알고 있다고 가정하지 않아야 한다. 질문해야 할 것을 당연하게 여긴다면 기존의 억압 제도를 반복하게 될 뿐이다. 따라서 섹스와 젠더의 필연성 자체를 질문하는 것으로 젠더 연구를 시작해야 한다. 질문은 다음과 같이 바꾸어야 한다. "우리는 이 사회에서 어떤 과정을 통해 적법하고 적절한 젠더로 배치되는가?", "폭력은 개인의 몸에 젠

---

26) Shannon Bell, "Kate Bornstein: A Transgender Transsexual Postmodern Tiresias", https://journals.uvic.ca/index.php/ctheory/article/view/14356/5132(검색일: 2019년 1월 30일)

더를 어떤 식으로 배치하는가?"

섹스와 젠더의 관계에는 규칙이 없다. 하지만 이성애-이원 젠더를 규범으로 삼는 사회에서 섹스와 젠더는 필연적 관계로 인식된다. 현대 사회에서 트랜스젠더퀴어가 겪는 트랜스 혐오 폭력은 섹스-젠더의 필연적 관계를 자연화(naturalization)하는 문화적 배경에서 발생한다. 그런데 트랜스 혐오 폭력은 그 사람이 단지 트랜스젠더퀴어이기 때문에 발생하는 것일까? 이 질문에 단정적으로 '그렇다'고 답하기는 어렵다. 브랜든 티나/티나 브랜든이 겪은 폭력과 김 모 씨가 겪은 폭력 모두 친밀한 관계에서 발생했다. 두 사건은 트랜스젠더퀴어라는 범주가 인간관계를 얼마나 취약하게 만드는지를 상징적으로 보여준다. 그동안 맺은 관계는 단지 트랜스젠더퀴어라는 이유로 무너진다. 따라서 폭력은 트랜스젠더퀴어이기 때문에 발생한다고 답할 수도 있다.

하지만 트랜스젠더퀴어 혹은 비규범적 젠더를 실천하는 이들이 겪는 폭력은 친밀한 관계에서만 발생하는 것은 아니다. 많은 혐오 범죄가 반복된 모의 실험과 철저한 기획을 거쳐 실행되지만 반드시 그 대상까지 기획되는 것은 아니다. 가해자는 자신들이 옳다고 여기는 사회적 젠더 규범을 기준 삼아 상대방이 그 기준에 부합하는지 판단하고 기준을 벗어났다고 여기는 존재를 공격 대상으로 삼는다. 즉 트랜스젠더퀴어이기 때문이 아니라 트랜스젠더퀴어든 아니든 상관없이 이른바 규범과 통념을 벗어나는 젠더 수행, 젠더 표현 때문에 폭력이 발생한다고 말할 수도 있다. 여기서 젠더를 둘러싼 해석, 몸의 특징을 인식하는 과정이 의미 있는 여과 장치이자 분석 틀로 작용한다.

레인 도지어는 사람들이 타인의 젠더를 해석할 때 가장 중요하게 여기는 단서가 행동 양식보다는 '성적 특징(sex characteristic)'이라고 주장한다.[27] 치마나 남성용 정장 같은 복장, 걸음걸이나 손짓 같은 행동 양식은 상대방의 젠더를 해석하는 중요한 단서이다. 하지만 이런 특징보다 얼굴에 난 수염 흔적이나 가슴 형태, 골격 같은 신체 특징이 젠더를 해석하는 데 더 중요한 근거로 쓰인다. 이것은 나의 경험이기도 하다. 몇 년 전에 함께 활동하던 사람들과 '젠더 맞추기'라는 행사를 진행한 적이 있다. 그 자리에서 나는 치마 같은 여성용 옷을 입었고 의료적 조치를 받지 않은 트랜스젠더퀴어로서 남성으로는 통하지 않기를 기대했다. 다른 사람들 역시 각자 자신만의 방식으로 젠더를 연행(演行)했다. 그리고 관객에게 "이중 누가 트랜스여성, 트랜스남성, 비트랜스여성, 비트랜스남성인지 맞춰보라."고 질문했다. 관객 중 한 명은 나를 비트랜스남성으로 지목했다. 그 근거는 턱에 있는 수염 흔적 때문이었다.

젠더를 수행한다는 것은 단순히 복장과 몸짓 등을 인용(引用)하는 데 그쳐서는 안 된다. 이른바 생물학적 특징, 신체적 형태까지 인용할 수 있어야 한다. 도지어가 인터뷰한 빌리 역시 나

---

27) Raine Dozier, "Breads, Breasts, and Bodies: Doing Sex in a Gendered World", *Gender & Society*, 19.3, 2005, pp. 297~316.

와 비슷한 경험을 했다. "나는 얼굴의 수염이 전부라고 생각해. 얼굴에 난 수염에 내가 페티시가 있어서가 아니야. 당신 얼굴에 수염이 있다면 당신은 당신의 몸이 어떤 모습인지 상관없이 사회적으로 〔남자로〕 통할 수 있어. 나는 임신 9개월일 때 걸어 다녔는데 사람들은 '오, 저 남자 뚱뚱하네'라고 여기는 것 같았거든."이라고 말했다.[28] ftm/트랜스남성인 빌리는 호르몬 투여로 몸에 '남성적 성적 특질'이 분명하게 나타났고 남성으로 통하는 데 무리가 없었다. 하지만 어떤 이유로 호르몬 투여를 중단하고 임신을 했는데 그동안에도 수염 흔적은 남아 있었다. 수염 흔적은 사람들이 빌리의 몸을 '임신한 상태'가 아니라 '뚱뚱한 남자'로 해석하는 근거로 작용했다. 빌리의 입장에서 이것은 옳은 해석이기도 하고 틀린 해석이기도 했다. 빌리가 ftm/트랜스남성이란 점에서 '남자'라는 해석은 맞지만 현재 몸을 '뚱뚱한'이라고 표현하는 것에는 문제가 있었다. 그렇다고 빌리를 '임신한 여성'으로 독해할 수도 없다. 그나마 빌리의 상황에 가장 근접한 해석은 '임신한 남성'이다. 하지만 섹스와 젠더는 일치한다고 여기는 사회적 인식에서 이런 해석은 사실상 불가능하다. 이런 상황에서는 개인의 다양한 신체 표현 중 특정 표현을 근본적 기호로 규정하며 특정 젠더로 독해하고 그 젠더에 부합하는 상태로 몸의 나머지를 환원할 뿐이다.

---

28) Dozier, 앞의 글, p. 305.

그래서 만약 내가 어떤 특정 젠더로 통하길(passing) 원한다면 문화적 코드 중 내가 원하는 젠더 코드를 인용해야 한다. 이때 인용하는 젠더 코드는 상대방과 내가 공유할 수 있는 것이어야 한다. 내가 중요하다고 판단하고 인용한 젠더 코드와 상대방이 중요하다고 판단하는 젠더 코드가 일치한다면 나는 스스로 원하는 젠더로 통하는 데 무리가 없을 것이다. 그리하여 나는 내가 원하는 젠더로 '안전하게' 살아갈 수(passing) 있다. 하지만 나와 상대방의 해석이 일치하지 않는다면 나는 내가 원하는 젠더로 통하는 데 실패한다. 앞서 이야기한 행사에서 나는 여성으로 통하길 원했지만 관객은 나와는 다른 젠더 코드, 신체적 특징으로 불리는 수염 흔적을 기준으로 삼아 나의 젠더를 해석했다. 나와 관객은 서로 다른 젠더 코드로 젠더를 해석했고 나의 젠더 수행은 '실패'로 끝났다. 문화적 규범을 반복 실천하며 이루어지는 젠더 수행이 성공하려면 내가 원하는 젠더로 "인식될 수 있기 위한 사회적 제약"[29] 즉 문화적 공동체 구성원이 공유한다고 믿는 지배 규범을 인용해야만 한다.

인권 운동 차원의 문화 행사였기에 나의 실패는 '안전한 실패'였다. 행사가 아닐 때 나의 '실패'는 단순히 나 혼자만의 실패가 아니라 다른 많은 트랜스젠더퀴어가 겪는 트랜스 혐오와 동일한 맥락에 놓인다. 비트랜스여성으로 인식되길 바라거나 남성

---

29) C. Jacob Hale, "Leatherdyke Boys and Their Daddies: How to Have Sex without Women or Men", *Social Text*, 52-53, 1997, p. 225.

으로 인식되지 않길 바라는 mtf(male-to-female)/트랜스여성은 복장, 행동 양식과 같은 문화적 젠더 코드를 인용하는 데 실패해서 트랜스젠더퀴어로 인식되는 것이 아니다. 문화적 젠더 코드를 충분히 잘 인용해도 '여성의 평균적 키'보다 큰 키, 넓은 어깨, 굵은 목소리 때문에 '여성'으로 통하는 데 실패한다. 긴 머리카락, 치마, 화장 같은 문화적 코드가 젠더를 표시하는 주요 단서라고 해도 우리가 사는 이 사회에는 섹스와 젠더는 일치한다고 여기는 인식 체계 역시 강력하게 작동한다. 이런 해석 체계를 공유하는 한 mtf/트랜스여성의 여성 젠더 실천은 언제나 실패의 가능성, 혐오 폭력에 노출될 가능성을 안고 있다. 이런 이유로 트랜스젠더퀴어가 겪는 혐오 폭력은 ftm/트랜스남성보다는 mtf/트랜스여성에게 더 많이 발생하는 편이다.[30]

트랜스젠더퀴어의 몸, 특히 mtf/트랜스여성의 몸은 그 자체로 트랜스젠더퀴어가 더 잘 가시화되도록 하는 장인 동시에 트랜스 혐오 폭력을 유발하는 장으로 작용한다. 따라서 mtf/트랜스여성이 겪는 혐오 폭력은 불행하게도 이 사회가 인간의 몸을 어떻게 해석하는지를 단적으로 알려주는 지표 역할을 한다.

또한 mtf/트랜스여성이 겪는 혐오 폭력은 젠더에 근거한 폭력의 전형이기도 하다. 트랜스젠더퀴어를 비롯하여 바이섹슈얼,

---

30) Viviane K. Namaste, *Invisible Lives*: *The Erasure of Transsexual and Transgendered People*, Chicago & London: The University of Chicago Press, 2000.; Tarynn M. Witten & A. Evan Eyler, "Hate Crimes and Violence against the Transgendered," *Peace Review*, 11(3), 1999, pp. 461~468.

레즈비언, 게이를 향한 혐오 폭력은 흔히 각 범주에 대한 폭력으로 해석되는 경향이 있다. 즉, 피해자가 바이섹슈얼이라서, 레즈비언이라서, 게이라서, 트랜스젠더퀴어라서 폭력을 행사했다는 것이다. 그래서 각 범죄는 '트랜스젠더퀴어 혐오 범죄'와 같은 식으로 명명된다. 이런 식의 명명은 현재 우리 사회에서 트랜스젠더퀴어 등에 대한 사회적 인식과 차별을 분명하게 드러낼 수 있다는 점에서, 이원 젠더 체제를 가시화하는 데 중요한 전략이다. 하지만 가해자는 피해자의 성적 지향, 젠더 범주가 정확하게 무엇인지 확인한 다음 공격하는 것이 아니다. 가해자는 트랜스젠더퀴어의 특징, 바이섹슈얼의 특징, 레즈비언의 특징, 게이의 특징이라고 분류되는 어떤 특징을 가정하고, 이런 가정에 부합하는 이들을 공격한다.[31]

이때 가정되는 특징은 이원 젠더화된 속성을 지닌다. 즉 '게이라면 여성적일 것이다', '레즈비언이라면 남자처럼 행동할 것이다', '트랜스여성이라면 큰 골격에 여성형 옷을 입고 있을 것이다' 같은 이원 젠더화된 기준을 설정하고 이 기준에 따라 가해 대상을 선별한다. 가해자는 피해자가 실제 동성 성애 관계를 맺고 있는지, 트랜스젠더퀴어인지를 확인하기 위해 "침실을 들여다" 본 후 공격하는 것이 아니라 자신이 가정한 어떤 젠더화된 단서를 기준 삼아 가해 대상을 지목하고 공격한다.[32]

---

31) Namaste, *Invisible Lives*, p. 141.

젠더 폭력과 젠더 경합 연속체

한국 사회에서 젠더 폭력은 대개 '여성에 대한 폭력'을 의미한다. 젠더는 곧 여성이며 이원 젠더 사회에서 남성 젠더와 여성 젠더 간의 구조적 권력 차이로 발생하는, 여성 젠더를 향한 다양한 형태의 폭력이 젠더 폭력이다. 이 정의에 따르면, 비트랜스여성이 겪는 폭력과 트랜스여성이 겪는 폭력은 별개의 것이 된다. 비트랜스여성이 겪는 폭력은 이 사회의 이원 젠더화된 구조에서 발생하는 것이지만 이때 여성과 남성이라는 범주 자체는 문제가 되지 않는다. 권력 차이만 문제가 될 뿐이다. 이에 비해 트랜스여성이 겪는 폭력은 트랜스젠더퀴어를 혐오하는 사회 분위기, 젠더 규범을 위반한 존재에 대한 사회적 처단이 야기한 폭력일 뿐 이원 젠더화된 사회 구조와 상관없는 일로 여겨진다.

하지만 비트랜스여성이 겪는 폭력과 트랜스여성이 겪는 폭력은 실제로 별개의 사건일까? 특정 젠더 규범을 얼마나 잘 실천하느냐에 따라 폭력이 발생하거나 발생하지 않는다면, 얼마나 '진짜' 여성 혹은 남성으로 자신을 표현할 수 있느냐가 관건이 된다. 이것은 태어날 때 여성으로 지정받았다 해도 '진짜' 여성으로 충분히 통하지 않는다면 젠더 규범을 위반했다는 이유로 폭력 피해에 노출될 수 있다는 뜻이기도 하다. 달리 말해 트랜스

---

32) Koyama, *Catching a Wave: Reclaiming Feminism for the 21st Century*, p. 253.

여성이 겪는 폭력과 비트랜스여성이 겪는 폭력이 별개의 문제가 아닐 수도 있다.

예를 들어 남자 고등학교에서 어느 mtf/트랜스여성이 단발 혹은 장발로 머리를 기르고 치마를 입겠다고 주장했고 학교에서는 이것을 거부했다고 하자. 현재 한국 사회의 분위기에서는 규제받을 가능성이 상당히 높다. 다른 한편, 여자 고등학교에서 한 비트랜스여성이 머리카락을 매우 짧게 잘랐고 이런 이유로 담임 혹은 학생주임과 면담을 했다고 하자. 이 두 사건은 맥락이 같은가, 아니면 맥락이 다른가? 하나는 mtf/트랜스여성의 경험 맥락이고 다른 하나는 비트랜스여성의 경험 맥락이라는 점에서 다른 반응을 야기하는 전혀 다른 성질의 사건일 수 있다. 하지만 여성성 규범 혹은 남성성 규범에 적합한 젠더를 강제한다는 차원에서 이 두 사건은 동일한 맥락에 놓인다. 트랜스여성의 두발과 복장을 규제하는 행위는 태어날 때 남자로 지정받았다면 평생 남성으로 살아야 한다는 이원 젠더 규범에 따른 것이다. 학교라는 공간이 가정과 함께 이성애–이원 젠더 규범을 관리하고 재생산하는 주된 국가 장치라는 점과도 긴밀하게 연결된다. 비트랜스여성이 머리카락을 짧게 잘랐다는 이유로 면담을 한 사건 역시, 여성이라면 머리카락이 어느 정도는 길어야 한다는 여성성 규범에 따른 것이다. 이 두 사건은 모두 젠더 표현을 문제 삼고 관리하려 한 것이다.

또 다른 예를 들어보자. 만약 ㄱ이란 사람이 미니스커트를 입고 다녔다는 이유로 폭력 피해를 겪었다고 하자. 여전히 많은 성폭력 사건의 남성 가해자는 "여자가 미니스커트를 입어서 그랬다."고 진술한다. 2010년 11월엔 "뚱뚱한 여자가 미니스커트를 입었다."는 이유로 택시 기사가 여성을 폭행하기도 했다. 이런 상황에서 ㄱ은 어떤 피해를 겪은 것일까? 만약 ㄱ이 비트랜스여성이면 '여성의 자기 표현, 혹은 여성의 섹슈얼리티에 대한 가부장적 남성의 폭력'으로 해석될 가능성이 높다. 만약 ㄱ이 트랜스여성이라면? 아마도 사회적 젠더 규범을 위반한 '남자 몸인 어떤 사람' 혹은 그러한 사회적 일탈에 대한 사적, 폭력적 처벌이거나 트랜스젠더퀴어를 이해하지 못해 발생한 불쌍(!)하고 불행한 사건으로 회자될 가능성이 상당히 높다. 그렇다면 ㄱ이 비트랜스여성이라면 페미니즘 및 여성 운동에서 직접 다뤄야 하고, 트랜스여성이라면 그냥 안타까워하고 가해자를 비난하는 수준에서 끝내면 될까? 각 사건을 젠더 폭력의 측면에서 해석하며 동일 선상의 사건으로 해석할 수는 없는가?

사회적 젠더 규범을 실천하는 방식과 관련해서, 홀리 데버는 미국 백인 중산층 여성이 젠더 규범을 어떻게 체화하고 실천하는지를 조사했다. 그 결과는 무척 흥미롭다. 이성애-비트랜스여성이든, 레즈비언 부치든, ftm/트랜스남성이든 실제 자신의 정체성과 상관없이 태어날 때 '여자'로 지정받은 이들은 정도의 차이는 있어도 여성 젠더 규범을 실천하는 과정에서 거의 항상 불안과 '젠더 성찰(gender dysphoria)'을 겪는다고 한다.[33] 젠더 경합은 트랜스젠더퀴어의 젠더 경험을 설명하기 위해 의학에서 주로 사용하는 용어인데, 태어날 때 지정받은 젠더에 불만, 불편, '불일치'를 느끼는 경험을 지칭한다. 많은 트랜스젠더퀴어가 태어날 때 지정받은 젠더 범주와 불화를 일으키고 때때로 불일치를 느끼며 자신에게 적합한 젠더의 몸으로 바꾸기 위해 의료적 조치를 취한다. 의학은 이를 젠더 경합(종종 '젠더 위화감', '젠더 불화'라고도 표현된다)으로 명명했다.

따라서 젠더 경합을 단순히 태어날 때 지정받은 젠더와 상당한 위화감을 느끼고 결국 다른 젠더로 자신을 설명하는 실천으로만 이해한다면 비트랜스여성과 ftm/트랜스남성의 젠더 경험을 연속선상에 두는 데버의 결과를 납득하기 힘들 수 있다. 트랜스젠더퀴어와 비트랜스의 경험을 분리해서 사유하는 입장이라면 더욱 그러하다. 하지만 다른 젠더로 자신을 설명하는 경우가 아니라 해도, 태어날 때 지정받은 젠더를 자신의 젠더 범주로 받아들이고 그 범주에 적합한 존재로 살아가기 위해 취하는 일련의 노력과 전략을 포괄하는 언어로 젠더 경합을 재해석한다면 데버의 설명은 익숙한 것으로 바뀐다.

예를 들어 현대를 살아가는 많은 비트랜스여성은 일상에서 자신이 속한 사회에서 적절하다고 판단되는 여성 젠더로 살아가기 위해 자신의 몸과 불화하고 경합하며 다이어트를 하고 때때

---

33) Holly Devor, "Female Gender Dysphoria: Personal Problem or Social Problem?", *Annual Review of Sex Research*, 7, 1997, pp. 44~89.

로 성형수술을 한다. 다이어트나 화장을 하지 않는 여성은 "여자가 화장도 안 하냐."라는 지적을 받기 마련이고 이런 지적은 그 사람이 '여성이라는 사실' 자체를 의심하지는 않는다고 해도 자신의 젠더 범주를 스스로 검열하게 만든다. 그런데 아무리 열심히 다이어트를 하고 화장을 하고 성형을 해도 몸은 불완전한 상태에 머문다. 조금이라도 더 완벽해지기 위해 더 열심히 노력해도 사회적 젠더 규범에 완벽하게 부합하는 몸은 불가능한 이상일 뿐이다. 젠더 규범은 도달하고 체화해야 하는 기준이면서도 도달할 수 없는 환상이며 불안과 공포를 유발하는 사회 질서다. 이성애-이원 젠더를 자연 질서로 삼는 사회의 구성원은 스스로 자신의 젠더를 '선택'할 수 없고 지정받은 젠더로 살아가야 하며 또 그 젠더로 살아가기 위해 끊임없이 노력해야 한다.

따라서 이성애-이원 젠더 규범은 실제로는 선택이 아니라 금기로 작동한다. 그것도 실천해서는 안 되는 금기가 아니라 실천해야 하지만 성취해서는 안 되는 금기다. 규범을 지향할 순 있지만 완벽하게 실천할 수 없으며, 그럼에도 실천에 실패했다는 사실을 결코 누설해서는 안 되는 금기다. 그러니 현대 사회를 살아가는 거의 모든 비트랜스여성은 태어날 때 지정받은 젠더로 살아가기 위해, 그 젠더를 자신의 젠더로 받아들이기 위해 끊임없는 몸 변형을 경험한다. 이런 맥락에서 젠더 경합을 독해할 경우, 트랜스젠더퀴어와 비트랜스가 겪는 젠더 정체성 형성 과정은 별개의 사건이 아니라 연속선상에 있는 사건이 된다.

트랜스젠더퀴어 연속체

이제 젠더 폭력을 다시 해석하자. 이것은 젠더 자체를 다시 해석하는 작업이기도 하다. 젠더 폭력을 여성과 남성 간 권력 위계에 따른 폭력으로 해석하는 기존의 설명 방식은 여성-남성 간 위계 구조를 밝힐 수 있다는 점에서 매우 중요하다. 하지만 이것은 여전히 이원 젠더 구조에 머물러 있다는 점에서 젠더란 무엇인가를 질문하는 방식이 아니라 '여성과 남성은 어떻게 다른가'를 질문하는 방식이다. 이제 젠더 폭력을 한 개인이 태어났을 당시 지정받은 젠더로 평생 살아가고 그 젠더 규범을 자신에게 가장 적합한 실천으로 체화하도록 강제하는 장치로 새롭게 해석하고자 한다.[34] 즉 젠더 폭력이란 각 개인에게 여성이나 남성과 같은 특정 젠더 범주를 지정하고 이렇게 지정한 젠더에 적절한 역할을 수행하도록 강압하는 일상의 실천이다.

이렇게 해석한 젠더 폭력은 기존의 젠더 폭력과 어떻게 만나는가? 기존의 젠더 폭력 개념에서 주로 논하는 '아내 폭력'을 예로 들어보자. '아내 폭력'은 흔히 남성인 남편이 여성인 아내에게 가하는 다양한 폭력을 지칭한다. '아내 폭력'은 "남편과 아내라는 성별화된 정체성, 지위, 역할, 노동을 수행할 때" 발생하며 "이른바 '맞을 짓'은 인간(여성)이 아내가 될 때만 폭력 이유

---

34) 루인, "규범이라는 젠더, 젠더라는 불안: 트랜스/페미니즘을 모색하는 메모. 세 번째", 〈여/성이론〉, 제23호, 2010, 48 ~ 75쪽.

로 의미"를 지닌다.[35] 이것은 '아내 폭력'의 매우 중요한 성격 중 하나인데 '아내 폭력'의 가해자인 남편은 아내에게 폭력을 가하는 이유로 "부인의 잘못을 교육"하기 위해서라고 주장한다. 즉, 남편 맥락에서 '아내 폭력'은 폭력이 아니라 집안 질서를 바로잡고 아내에게 적절한 역할을 가르치는 교육 행위다. 이렇게 '아내 폭력'이 특정 성 역할에 바탕을 둔 행위라는 점은 '아내 폭력'을 젠더 폭력으로 다시 사유할 수 있는 계기를 제공한다. '아내 폭력'이 젠더 폭력이라면 이미 여성인 아내와 이미 남성인 남편 간에 발생하는 폭력으로만 해석해야 할 이유가 없다. 젠더 폭력에 대한 새로운 해석을 바탕에 두고 보면 '아내 폭력'은 여성 파트너에게 적절한 젠더 역할을 훈육하는 실천일 뿐만 아니라 파트너를 여성 젠더 범주로 환원하는 실천이기도 하다. 가해자 남편의 주장처럼 '아내 폭력'이 '교육 실천'이라면, 이것은 아내 위치에 있는 사람을 우선 여성 젠더 범주로 환원하고 그 여성 젠더 범주에 적절한 사회문화적 규범을 강압하는 것으로 재해석할 수 있다.

즉 내가 해석하는 젠더 폭력으로서 '아내 폭력'은 한 개인을 이성애-이원 젠더 규범으로 환원해서 판단하고 그가 태어날 때 지정받은 젠더를 자기 범주로 체화하도록 강압하는 실천이다. 이렇게 해석할 때 '아내 폭력'은 퀴어를 향한 혐오 폭력이 작동

---

35) 정희진, 《아주 친밀한 폭력-여성주의와 가정 폭력》, 교양인, 2016(이 책은 2001년 출판된 《저는 오늘 꽃을 받았어요-가정 폭력과 여성 인권》의 개정판이다).

하는 방식과 정확하게 일치한다. '아내 폭력'과 퀴어 혐오 폭력 모두 가해자의 규범 혹은 지배적 젠더 규범을 기준 삼아 위반 여부를 판별하고 규범을 훈육하는 사회적 실천이다. 자기 자신을 규범에 적합한 존재, 지배적 지위와 위치에 있다고 믿는 존재가 폭력 가해를 통해 타인의 젠더를 훈육하고, 가해 행위를 통해 자신의 지배적 규범성을 확인하는 것이다. '아내 폭력'에서 가해 남성은 폭력을 통해 남성 범주를, 퀴어 혐오 폭력에서 가해자는 혐오와 폭력을 통해 자신의 지배적 규범성을 체화하고 선언한다. 이런 점에서 젠더 폭력은 인간의 주체성을 정립하는 조건이다. 젠더 폭력은 사회에서 한 개인을 인간 주체로 인식하거나 인식하지 않도록 하고, 지배적 젠더 규범에서 '인간'으로 살아갈 수 있도록 하는 필요조건이 된다.

이 사회에 적법한 젠더 주체로 살 수 있도록 하는 또 다른 중요한 장치는 '젠더 지시어'다. 젠더 지시어는 한 개인의 젠더화된 지위를 가리키는데 이 과정은 거의 언제나 이성애-이원 젠더 규범을 밑절미 삼아 작동하면서 문제를 야기한다. 이와 관련해서 ftm 철학자 제이콥 헤일(C. Jacob Hale)은 아버지와 자신이 나눈 대화를 소개한다. "제이크〔헤일〕가 어린 소년이었을 때……, 아니 내 말은 어린 소녀였을 때……, 아니 어린아이였을 때, 그〔he〕는……, 아니 내 말은 그녀〔she〕는……, 아니 그게 아니라, 내가 도대체 무슨 말을 하고 있는 거야!"[36] 영어권을 비롯한 일부 언어권에서는 명사와 인칭대명사를 이원 젠더로 구분해서 표시한다. She나 He는 대표적 젠더 지시어이며 이 단어를 통해 상대방이 어떤 젠더인지를 포착한다. She나 He로 포착할 수 없다면 적절하거나 적법한 인간으로 구성되는 것 자체가 불가능하다.

한국어에서는 기본적으로 명사나 인칭대명사를 사용할 때 이원 젠더 체계와 무관한 방식으로 사용할 수 있지만 반드시 그런 것도 아니다. 언니, 누나, 형, 오빠, 이모, 고모처럼 친족 관계를 설명하는 지시어는 나의 젠더와 상대의 젠더를 동시에 규정한다는 점에서 관계 자체를 이원 젠더 규범으로 끌어들인다. 이러한 젠더 지시어는 한 개인의 일시적 젠더 상태를 지시하지 않고 한 개인의 과거와 현재, 미래 가능성 그리고 사회적 관계 모두를 단정한다. 누군가를 여성형 젠더 지시어로 부른다면 그는 태어날 때 '여자'로 지정받았으며 '소녀'로 자라 '아가씨'가 되고 '아줌마'나 '부인' 혹은 '사모님'이 되었다가 '할머니'로 늙고 사망증명서에 '여성'으로 기록됨을 뜻한다.

젠더 지시어는 분명하게 고착된 대상이 있다고 가정한다. 즉 젠더 지시어는 그 말과 대상이 밀착해 떨어지지 않는 것으로 가정한다. 그래서 젠더 지시어는 루이 알튀세르(Louis Althusser)가 말한 호명(呼名)과 같다. 알튀세르는 지배 이데올로기에 적법한 주체가 되는 방법을 설명하며 호명이란 개념을 사용했다. 경찰이 "어이, 거기 당신!"이라고 호명할 때 자신을 불렀다고 인식

---

36) 제이콥 헤일, "내 목에 남아 있는 희미한 추억을 추적하며", 《남성 페미니스트》, 김고연주, 이장원 옮김, 또하나의문화, 2004, 182쪽.

하며 뒤돌아보는 개인은 해당 법-질서의 적법한 주체가 된다.[37] 알튀세르에게 이데올로기(혹은 지배 규범)는 "언제나-이미 개인들을 주체로 호명"하며 특정 질서에 적법한 존재로 만든다. 즉 주체는 언제나 특정 이데올로기(지배 규범)의 주체다.

다시 말해 '이모', '언니' 같은 호명에 응하는 주체는 이성애-이원 젠더 규범으로 구조화된 친족 체계의 적법하고 적절한 주체이자 구성원이 된다. 젠더 지시어는 개인을 특정 젠더 규범에 적합한 주체로 구성하는 장치이며, 이 장치에 적법한 주체는 자신을 자유로운 존재로 인식한다.

알튀세르의 주체 개념을 다시 설명하는 버틀러는 호명을 통한 주체되기가 양심과 죄의식을 가정한다고 지적한다.[38] 따라서 주체가 되는 과정, 특정 규범에 적법한 존재가 되는 과정은 자신이 현재의 규범에 대해 결백하며 어떤 위반도 저지르지 않았음을 입증하려는 노력이자 실천이다. 젠더 지시어에 반응하는 행동은 특정 젠더 규범을 나의 규범으로 인식하는 실천일 뿐만 아니라 그 규범을 조금도 위배하지 않았음을 강변하는 실천이다. 이성애-이원 젠더 규범의 맥락에서 젠더 지시어는 모든 개인을 단일 섹스-젠더 서사로 환원하고 일평생 단일한 젠더로 살 것을 요구한다. 이 요구에 불응하는 것은 단순히 특정한 부름에 반응하

---

37) 루이 알튀세르, 《재생산에 대하여》, 김웅권 옮김, 동문선, 2007, 397~398쪽.
38) Judith Butler, *The Psychic Life of Power: Theories in Subjection*, Stanford, California: Stanford University Press, 1997, pp. 107~109.

지 않음이 아니라 사회 질서를 위반하는 행위이자 이 사회의 적절한 주체가 되지 않겠다는 선언이다.

이런 사회에서 젠더 폭력은 불응을 처단하는 방식으로 작동한다. 젠더 폭력 가해자는 거의 언제나 자신의 행동이 정당하다고 주장할 수 있다. 젠더 폭력 가해자의 행위는 부당하고 위법한 폭력 행위가 아니라 사회적 규범을 실천하는 과정이자 그 규범을 어긴 이들을 '교육'하는 실천으로 독해된다. 가해자의 행위는 지배 규범을 명백하게 드러낸다는 점에서 범죄가 아니라 지배 규범의 속성을 구체적으로 드러내는 적법한 행위다. 젠더 폭력 피해자가 부당한 폭력에 충분히 저항하지 못하는 경향이 있다면 그것은 피해자가 나약하거나 수동적이어서가 아니다. 자신이 어떤 규범에 부합하지 못함을 정확하게 파악하고 있기 때문이다. 한편으로는 자신이 지배 규범에 부합하지 않는 방식으로 살고 있다는 사실이 주는 복잡한 감정 때문에, 다른 한편으론 자신의 규범 위반이 잘못이 아니란 점을 알고 있지만 이를 항변해봐야 오히려 자신이 불이익을 당할 뿐이란 점을 정확하게 인식하기 때문이다. 이런 과정을 통해 혐오 폭력은 지배 규범을 몸에 각인하는 과정이자 인간 주체성을 형성하는 실천이 된다.

물리적 폭력은 아니라고 해도 젠더 지시어는 삶을 특정한 양식으로 규정하는 젠더 폭력이다. mtf/트랜스여성을 '여성'이란 젠더 지시어로 부르는 것 자체는 긍정적 행위지만 '여성'이란 표현은 mtf/트랜스여성의 삶을 충분히 설명하지 못한다. '여성'이란 지시어는 트랜스여성이 태어났을 당시 '남자'로 지정받았기에 겪어야 했던 경험, 자신의 몸을 둘러싸고 겪은 다양한 갈등을 포착하는 데 실패한다. mtf/트랜스여성의 삶을 매우 단순하고 매끈한 것으로 상상하도록 할 뿐이다. 하지만 mtf/트랜스여성은 '여성'으로서의 삶을 그렇게 단순하고 매끈한 것으로 누리지 못한다. 비트랜스여성 역시 마찬가지다. 모든 여성이 비트랜스여성 범주를 동일한 방식으로 체화하지 않는데도 '여성'이란 지시어는 문화적 규범과 기대에 부합하는 방식의 '여성'이 될 것을 강제한다.

아울러 비록 지금은 비트랜스여성이라고 해도 과거엔 어떤 여성이었는지, 미래엔 어떤 범주로 바뀔지 그 모든 가능성을 차단한다. 이런 점에서 '여성'이란 젠더 지시어는 여성 삶의 복잡한 양상을 설명하는 데 실패할 뿐만 아니라 이 용어 자체가 젠더폭력으로 작용할 수 있다. 이것은 '여성'이란 젠더 범주 명명을 폐기해야 한다는 주장이 아니다. '여성'이라는 범주 명명의 제한된 가능성과 위험성을 철저하게 고민해야 한다는 뜻이다.

이런 점에서 콜과 케이트가 에이드리언 리치의 논의를 토대로 삼아 제안한 트랜스젠더 연속체 개념이 유용하다.[39] 리치는 1980년에 쓴 논문 〈강제적 이성애와 레즈비언 실존(Compulsory

---

39) C. L. Cole & Shannon. L. C. Cate, "Compulsory Gender and Transgender Existence: Adrienne Rich's Queer Possibility", *WSQ*, 36.3 - 4, 2008, pp. 279~287.

Heterosexuality and Lesbian Existence)〉에서 레즈비언 연속체 개념을 제안했다. 여성을 이성애 여성과 레즈비언이라는 식으로 구분하고 별개의 존재로 해석하기보다 이성애를 강제하는 사회 문화적 배경, 가부장제에 따른 사회적 억압을 공유한다는 점에서 모든 여성은 연속체로 존재한다고 주장했다. 콜과 케이트는 리치가 제안한 레즈비언 연속체를 퀴어/트랜스 맥락에서 재해석하며 트랜스젠더 연속체 개념을 제안한다. 젠더를 이해하는 데 트랜스젠더퀴어를 함께 고민함으로써 젠더 폭력에 대한 저항을 이원 젠더 체계에서 비롯하는 제약에 저항하는 운동으로 전환하는 계기를 마련할 수 있다.

'여자로-태어난-여성', 레즈비언, 이성애 여성, mtf/트랜스여성 등 모든 종류의 여성은 규범적 이원 젠더에 도전하려는 목적에서, 전략적으로 트랜스젠더 연속체에 위치할 수 있다. 이것은 단순히 비트랜스여성과 트랜스여성의 접점을 얘기함이 아니라 이원 젠더 체계의 폭력을 문제삼는 것이다.[40] 트랜스젠더퀴어의 삶과 경험을 페미니즘에서 이야기하는 작업은 단지 페미니즘의 정치적 대의에 따라 트랜스젠더퀴어도 포함하는 행위가 아니다. 트랜스젠더퀴어의 경험을 통해 비트랜스와 트랜스젠더퀴어의 이분법을 재고하고, 인간 삶에 포괄적으로 작동하는 이성애-이원 젠더의 폭력을 드러내는 실천이다. 트랜스젠더퀴어와 비트랜

---

40) Cole & Cate, 앞의 글, p. 286.

스의 다른 경험 양상에 주목하는 것도 중요하지만, 트랜스젠더 퀴어와 비트랜스를 별개로 분류하고자 하는 권력 작동에 주목하는 것 역시 중요하다. 그럴 때에야 젠더가 우리 삶에서 어떻게 배치되고 작동하는지를 정치(精緻)하게 살필 수 있다.

트랜스페미니즘을 향하여

여성이 겪는 억압과 폭력을 설명하기 위해 종종 '이중 억압', '삼중 억압'이라는 식으로 설명하는 경우가 있다. 이를테면 한국의 레즈비언은 여성으로서의 억압과 동성애자로서의 억압이라는 이중 억압을 겪는다는 식이다. 혹은 미국 흑인 여성은 여성으로서, 흑인으로서, 하층계급으로서 삼중 억압을 겪는다는 언설도 빈번하다. 이런 식의 다중 억압 논의는 각 범주의 경험을 본질로 만들고 별개의 경험으로 환원한다.[41] 여성으로서 겪는 억압과 레즈비언으로서 겪는 억압이 각각 따로 있다는 더하기 모델에 따른 설명은 어떤 집단에게는 억압을 수월하게 이해하는 수단으로 유용하겠지만, 다른 집단에게는 자신이 겪는 억압을 설명할 수 없게 하고 이를 통해 삶 자체를 곤란하게 만들기도 한다.

특히 여성으로서 겪는 억압이 따로 있다는 설명은 여성 젠더 범주와 여성이 겪는 경험 자체를 제한한다. 그리하여 해당 범주

---

41) Nira Yuval-Davis, "Intersectionality and Feminist Politics", *European Journal of Women's Studies*, 13.3, 2006, p. 199.

에 적절한 구성원, '올바른 구성원'이 될 때에만 해당 억압을 겪는다고 말할 수 있다고 간주된다.[42] 이런 설명 구조에서 트랜스여성과 비트랜스여성은 영원히 만날 수 없는 별개의 존재가 된다. 적잖은 트랜스여성이 트랜스젠더퀴어여서가 아니라 여성이어서 폭력 피해를 겪지만, '더하기 모델'의 다중 억압 모델은 이를 설명하지 못한다.

더구나 이 모델에 따르면 트랜스젠더퀴어여서 폭력 피해를 겪는다고 얘기할 수는 있어도 여성이어서 폭력 피해를 겪는다고는 얘기할 수 없다. 다중 억압에서 각 범주의 억압은 해당 범주에 적절한 배타적 구성원이 될 것을 요구하고 이때 '여성' 범주는 트랜스젠더퀴어를 포함하지 않기 때문이다. 그래서 다중 억압으로 폭력을 설명하는 방식은 트랜스젠더퀴어를 곤란한 상태로 만들 뿐만 아니라 삶 자체를 설명할 수 없게 한다. 이것은 젠더를 다중 억압이 아니라 상호 교차로 설명해야 하는 이유이기도 하다. 젠더 범주는 여타 범주와의 관계를 통해 의미가 생성될 뿐만 아니라 젠더 범주 그 자체만으로도 복잡한 의미가 생성된다. 젠더 논의로서 트랜스젠더퀴어 이슈를 논함은 젠더 자체를 상호 교차 개념으로 독해한다는 뜻이다.

삶을, 젠더를 상호 교차 개념으로 이해하려는 노력 속에서 폭력을 개념화하는 작업은 중요하다. 폭력이 트랜스젠더퀴어의 삶

---

42) Yuval-Davis, 앞의 글, p. 195.

을 위협하기 때문만이 아니다.[43] 앞서 젠더 폭력 개념을 논하며 주장했듯이 폭력은 인간 주체성을 형성하고 이 사회의 적절하고 적법한 존재로 포착하는 방법이다. 앞서 논한 트랜스젠더퀴어 살인 사건, '아내 폭력', 젠더 지시어 등은 모두 개인의 몸에 특정 젠더를 지정하고 또 각인하는 훈육 과정이다. 젠더 폭력은 그가 누구인지가 아니라 누구여야 하는지에 대한 가해자의 판단에서 발생한다.

'여성'이 겪는 폭력은 여성이어서가 아니라 여성이어야 해서, 여성으로 환원되면서 발생하는 폭력이 아닌지 재검토해야 한다. 바로 이 지점에서 복잡한 젠더를 복잡하게 사유할 수 있는 토대의 한 축이 형성된다. 젠더 폭력 개념을 재해석하는 나의 작업은 '새로운' 것이 아니다. 이 작업은 한국에서 진행 중인 성폭력 개념 정의를 둘러싼 논쟁의 연장선상에 있다. 차이라면 이원 젠더 인식 틀에 머물기보다 인간을 이원 젠더로 환원하는 행위, 인간을 이원 젠더의 틀로만 인식하는 행위 자체를 젠더 폭력(혹은 인간 주체성 형성 과정)으로 해석하는 데 있다. 이것은 트랜스젠더퀴어의 경험과 비트랜스의 경험을 별개로 사유하는 권력 작동 자체를 문제삼겠다는 뜻이다. 이것이 바로 트랜스페미니즘을 모색하는 한 가지 방법이다.

---

43) Koyama, 앞의 글, p. 254.

미투의 정치학

2019년 2월 15일 초판 1쇄 발행
2020년 12월 28일 초판 4쇄 발행

- ■ 엮은이 ———————— 정희진
- ■ 지은이 ———————— 권김현영, 루인, 정희진, 한채윤
- ■ 펴낸이 ———————— 한예원
- ■ 편집 ———————————— 이승희, 윤슬기, 양경아, 유리슬아
- ■ 본문 조판 ————— 성인기획
- ■ 펴낸곳 교양인
  　　　　 우 04020 서울 마포구 포은로 29 202호
  　　　　 전화 : 02)2266-2776 팩스 : 02)2266-2771
  　　　　 e-mail : gyoyangin@naver.com
  　　　　 출판등록 : 2003년 10월 13일 제2003-0060

ⓒ 정희진, 2019
ISBN 979-11-87064-34-3 04300
ISBN 979-11-87064-07-7 (세트)

이 도서의 국립중앙도서관 출판예정도서목록(CIP)은 서지정보유통지원시스템 홈페이지(http://seoji.nl.go.kr)와 국가자료종합목록시스템(http://www.nl.go.kr/kolisnet)에서 이용하실 수 있습니다. (CIP제어번호 : CIP2019003613)